KOCHEN
für Faule

Kochen für Faule

Text: Cornelia Trischberger
Fotos: Michael Wissing

BEQUEMMACHER

SALATE

SUPPEN

PASTA

OMELETTS

FLEISCH

FISCH

DESSERTS

FAULE MENÜS

143 EINKAUFSZETTEL

auch zum Download auf

www.gu-online.de/kochenfuerfaule

WAS HEISST DENN HIER EIGENTLICH FAUL?

Wir sind clever, absolut flexibel, experimentierfreudig, haben Appetit auf leckeres Essen, aber **überhaupt keine Lust** auf **lange Rumkocherei** – wir hätten's halt gerne **unkompliziert** und **köstlich** zugleich. Hat da irgendjemand was dagegen?

Wir brauchen für unser Pasta-Rezept eben **nicht** unbedingt **d i e s e** ganz **spezielle Spaghetti-Sorte**. Jede andere Nudel aus dem Vorratsschrank tut's auch – und natürlich schmeckt alles trotzdem super!

Schon beim **Besorgen** wählen wir genau die Lebensmittel, die das tägliche Küchenleben **einfach** und **praktisch** machen – von der Dosen-Tomate bis zum gefrorenen TK-Spinat, vom vorgegarten Reis bis zum geriebenen Käse aus der Tüte – natürlich alles nur „pur", ohne Zusatz- oder Konservierungsstoffe.

Einkaufen gehen wir im **Supermarkt um die Ecke.** Der hat noch auf, wenn man **von der Arbeit** nach Hause kommt, und genau darum bekommt man hier **alle Zutaten**, die in unseren simplen Rezepten verwendet werden. Alles eben so **richtig bequem!**

Auch die frischen Sachen wurden nach dem Motto: **„Was macht am wenigsten Arbeit?"** ausgesucht – und zum Beispiel zur Bio-Mini-Salatgurke gegriffen, die man ohne Schälen „mit Haut und Haaren" verputzen kann.

Dazu findet man in allen Kapiteln wie einen roten – oder besser gesagt – bequemen Faden die **schnellen 4er-Seiten**: besonders fix, nicht aufwendig, flexibel und vielfach verwendbar – von **Lebensmitteln** bis **Rezepten.**

Damit das Ganze auf keinen Fall in einer 08/15-hau-die-Nudel-in-die-Pfanne-Kocherei ausartet, haben wir ebenfalls für ein paar **flotte, aber raffinierte Würzmittel** gesorgt, mit denen hat man schon die halbe Kochmiete im Haus.

Und wegen der **Bequemlichkeit** sollte hier jetzt langsam mal Schluss sein mit der Ouvertüre. Am besten wir steigen gleich ganz relaxed ein – **in die wunderbare Welt der „faulen" Küche!**

BEQUEMMACHER

RICHTIG BEQUEME LEBENSMITTEL ...

... gibt's natürlich alle im **Supermarkt** – man muss sie ...

... **nur noch auspacken:** etwa TK-Shrimps, Dosen-Mais, vorgegarte und vakuumverpackte Rote Beten oder geröstete, gehäutete Paprikaschoten aus dem Glas.

... **kaum noch putzen:** etwa Rucola, Kirschtomaten, Bio-Mini-Salatgurken oder Frühlingszwiebeln.

... **nur kurz garen:** etwa frische Pasta aus dem Kühlregal, vorgegarten Reis und Couscous oder alle Fleisch- und Fischfilets.

... **nur selten einkaufen:** etwa getrocknete Nudeln, alles aus Dosen und Gläsern oder TK-Ware – von tiefgekühltem Gemüse über Obst bis Meeresfrüchte und Fisch. Und auch Zitronen- und Orangensaft (Direktsaft aus der Flasche, Kühltheke!) gehören dazu, die besonders Faule statt frisch gepresstem Zitrussaft nehmen können.

WIRKLICH BEQUEMES KOCHEN ...

... ist natürlich schnell und unkompliziert – und heißt deshalb ...

... blitzschnell mixen und pürieren: Auf diese Weise entstehen im Handumdrehen aus ein paar leckeren Zutaten köstliche Suppen, feine Saucen oder aromatische Dips.

... einfach im Ofen garen: Alles ab aufs Blech oder in die Form, rein in den Backofen, noch ein bisschen Zeitung lesen – und schon ist das Essen fertig!

... geschickt kombinieren: Ob BBQ-Sauce oder Avocado-Dip, Ofenkartoffeln oder Asia-Reis – mit jeder neuen „Beilage" schmeckt auch ein nur schnell gebratenes Schnitzel oder Steak gleich ganz besonders.

... nehmen, was da ist: Keine Spaghetti im Haus? Macht nix, dann greifen wir eben zu den kleinen Makkaroni im Vorrat. Heute gab's keine Hähnchenbrust mehr an der Fleischtheke? Egal, mit Schweinefilet schmeckt's genauso gut.

ECHT BEQUEME GERÄTE FÜRS SCHNELLE ARBEITEN ...

... machen das Küchenleben wirklich leichter – deshalb brauchen wir ...

... einen **Pürierstab**: Mit dem kann man nämlich in Kombination mit einem hohen Rührbecher ruck, zuck alles cremig fein pürieren.

... einen **elektrischen Zerhacker** oder **Mixer**: Hier sind nur ein paar Umdrehungen nötig – und schon ist aus Kräutern, Käse und Knoblauch ein köstliches Pesto geworden.

... eine **Knoblauchpresse**: Der Zeitbeschleuniger für die Keine-Lust-auf-fein-hacken-Fraktion – mit ihm ist der Knoblauch in Windeseile startklar für die Zubereitung.

... den **Backofen**: Wie schön, wenn man sein Essen einfach nur in den heißen Ofen schieben und die Küchenuhr stellen muss – und dann beim Klingeln alles fix und fertig und gleich servierbereit ist.

FÜRS RAFFINIERT-BEQUEME WÜRZEN ...

... braucht man keine Spezialgeschäfte – denn im Supermarkt gibt's ...

... die **schnellen 4 aus der Dose:** Getrockneter Oregano, gemahlener Kreuzkümmel, gemahlene Kurkuma (Gelbwurz) und Cayennepfeffer verleihen jedem Gericht den besonderen Kick.

... die **schnellen 4 aus der Flasche:** Balsamico (hell und dunkel), Tabasco, Ketchup und Soja-sauce sind genau richtig fürs feine Abschmecken.

... die **schnellen 4 aus dem Glas:** Sambal Oelek (asiatische scharfe Chilipaste), geriebener Meerrettich, Ajvar (Paprikapüree) und Ahornsirup sind die besten Helfer, um etwas scharf oder süß werden zu lassen.

... die **schnellen 4 aus der Tube:** Tomatenmark, Harissa (orientalische scharfe Peperonipaste), Senf und Mayonnaise schenken dem Gericht eine fein-würzige Note.

Aber bitte mit Schale!

SALATE

DIE SCHNELLEN 4 FÜR DIE SALATBAR

BIO-MINI-SALATGURKE

Kein Schälen, nur Waschen nötig, weil
„Bio" / hat genau die richtige Größe für die
2-Personen-Küche / auch bestens geeignet für
einen schnellen **Gurken-Beilagensalat** mit einer
Vinaigrette (Seite 20–21) / erfrischend in kalter
Gurkensuppe (Seite 39) / als **Gemüse-Sticks** zu
Dips (Seite 108–109) / geraspelt und mit Joghurt
vermischt als **Dip** (Seite 108) / längs halbiert,
entkernt und in feine Scheiben geschnitten für
Asia-Suppen oder **Wok-Gemüse** / in Scheiben
mit heiß gemachter Vinaigrette (Seite 20–21)
und geröstetem Sesam vermischt als **Gemüse-
Chutney** zu gebratenem Fleisch oder Fisch.

MINI-ROMANASALAT

Gibt's meist als Doppelpack im Klarsicht-
beutel / hat genau die richtige Größe für die
2-Personen-Küche / hält sich im Gemüsefach
des Kühlschranks ohne Probleme ein paar
Tage frisch / sehr geringer „Putzbedarf" /
ideal zur „Einzelblatt"-Verwendung etwa als
Sandwich-Belag (Seite 72–73) / schön als
grüner **Beilagensalat** / als **gemischter Salat**
mit Gurken, Tomaten und Frühlingszwiebeln / als
griechischer Salat mit Feta-Käse, Oliven und
Peperoni / als **Nizza-Salat** mit Dosen-Thunfisch
und hart gekochtem Ei / als **Mexiko-Salat** mit
Dosen-Mais und Avocado – alle Salate nach Lust
und Laune mit Vinaigrette (Seite 20–21) oder
Dressing (Seite 22–23) nach Wahl kombinieren.

RUCOLA

Von Natur aus schon „mundgerecht", also
in einzelnen Blättchen/wenig „Putzbedarf" – einfach grobe Stiele ab (bei Bundware
kann man gleich alle zusammen abschneiden),
kurz waschen und trockenschleudern oder mit
Küchenpapier trockentupfen, fertig!/lecker als
„Schnell-mal-so-Salat" mit Zitrus-Vinaigrette
(Seite 20) und gehobeltem Parmesan/statt des
Basilikums fürs **Pesto** (Seite 58–59) nehmen/
sehr fein als zusätzliche Würze in der **Tomatensauce** (Seite 56–57)/super auf gebratenem
oder gegrilltem Steak als frisches **„Topping"**
mit Balsamico-Vinaigrette (Seite 20).

MARINIERTE GEMÜSE

Dauerkonserven, meistens in Gläsern/kann
man immer im Vorrat haben/lassen sich
auch angebrochen mindestens 2–3 Wochen
im Kühlschrank aufbewahren/sind schon
koch- und essfertig/ganz besonders „einsatz-
freudig" sind **geröstetete, gehäutete Paprikaschoten,** die man in **Saucen** mitgaren (z.B. im
Shrimpstopf, Seite 102)/als **Antipasti** anrichten
(Seite 18)/bei pikanten, würzigen **Grillsaucen**
(Seite 90–91) zum Einsatz bringen/als **Sandwich-Belag** (Seite 72) verwenden kann.

AVOCADOSALAT MIT MAIS

Mit Ruckzuck-Bio-Gemüse aus der Dose

FÜR 2 PERSONEN

- -

¼ **orangefarbene Netz- oder Kantalup-
melone** (z.B. Rock oder Charentais,
ca. 300 g)
1 nicht zu harte Avocado
1 Dose Bio-Mais (Abtropfgewicht 285 g)
1 x Zitrus-Vinaigrette (Seite 20)
Salz
Cayennepfeffer
2–3 Prisen edelsüßes Paprikapulver
2–3 Prisen Zucker

- -

PRO PERSON: 485 KAL.
ZUBEREITUNGSZEIT: 15 MIN.

1 Die Melone schälen, die Kerne entfernen und das Fruchtfleisch in 1–2 cm große Stücke schneiden.

2 Die Avocado längs halbieren, die Hälften gegeneinanderdrehen und den Kern entfernen. Die Hälften schälen und das Fruchtfleisch ebenfalls in 1–2 cm große Stücke schneiden.

3 Den Bio-Mais in ein Sieb abgießen und abtropfen lassen. Die Zitrus-Vinaigrette zubereiten.

4 Melonen- und Avocadostücke mit dem Mais in eine Schüssel geben, mit der Vinaigrette vermischen. Den Salat mit Salz, Cayennepfeffer, Paprikapulver und Zucker abschmecken.

TIPP : Statt Melone kann man auch frische Mango oder Ananas nehmen. Ganz Faule greifen zu natursüßen Ananasstückchen aus der Dose (ohne Zuckerzusatz).

PASST GUT DAZU : frische Pasta mit karibischer Tomatensauce (Seite 56) oder Zucchini-Omelett (Seite 70).

ANTIPASTI-MIX MIT THUNFISCHSAUCE

Der ultimative Salat aus dem Vorratsschrank

FÜR 2 PERSONEN

1 Dose Thunfisch (in Olivenöl, Abtropfgewicht 65 g)

1 x Chili-Aioli (Seite 90)

Salz

Cayennepfeffer

1 Prise Zucker

100 g geröstete, gehäutete Paprikaschoten (aus dem Glas)

100 g Artischockenherzen (in Öl, aus dem Glas)

50 g grüne Oliven (ohne Stein, aus dem Glas)

PRO PERSON: 360 KAL.
ZUBEREITUNGSZEIT: 15 MIN.

1 Thunfisch in ein Sieb geben und abtropfen lassen. Das Chili-Aioli zubereiten und mit dem Thunfisch im elektrischen Zerhacker oder im Mixer fein pürieren. Mit Salz, Cayennepfeffer und dem Zucker abschmecken. Die Sauce auf zwei Schälchen verteilen.

2 Die Paprikaschoten auf Küchenpapier abtropfen lassen, dann der Länge nach vierteln. Artischockenherzen ebenfalls auf Küchenpapier abtropfen lassen, halbieren. Die Oliven aus dem Glas nehmen, abtropfen lassen.

3 Paprika, Artischocken und Oliven auf zwei Tellern dekorativ anrichten und mit der Thunfischsauce servieren.

PASST GUT DAZU: Kräuterbutter-Brot (Seite 40).

4 x SCHNELLE SALATSAUCE ...

... für sofort. Oder auf Vorrat die doppelte Menge machen – ganz nach dem Motto: einmal rühren, öfter genießen!

ZITRUS-VINAIGRETTE

Für 2 Personen

2 **Frühlingszwiebeln** waschen, putzen und fein hacken. 1 **Knoblauchzehe** schälen und durch die Presse drücken oder fein hacken. Je 3 EL frisch gepressten **Orangen-** und **Zitronensaft** und 3 EL **Olivenöl** gründlich verrühren. Knoblauch und Frühlingszwiebeln unterrühren. Mit **Salz, Cayennepfeffe**r und 2–3 Prisen **Zucker** abschmecken. Passt gut dazu: z.B. Eisbergsalat oder grüner Kopfsalat.

BALSAMICO-VINAIGRETTE

Für 2 Personen

3 EL **Aceto balsamico** mit 4 EL **Olivenöl** und ½ TL mittelscharfem **Senf** gründlich verrühren. 1 **Knoblauchzehe** schälen, durch die Presse drücken oder fein hacken und unterrühren. Mit **Salz, Pfeffer** und 2–3 Prisen **Zucker** abschmecken. Passt gut dazu: z.B. Rucola oder Radicchio.

HONIG-VINAIGRETTE

Für 2 Personen

1 EL flüssigen **Honig** mit 4 EL frisch gepresstem **Zitronensaft** und 4 EL **Olivenöl** gründlich verrühren. Mit **Salz** und 1–2 Msp. **Sambal Oelek** abschmecken. Passt gut dazu: z.B. Tomaten oder Chicorée.

TIPP : Alle Salatsaucen lassen sich in einem Schraubglas mit Deckel prima im Kühlschrank aufbewahren. Bevor man sie zum Salat gibt, einfach noch einmal gut durchschütteln – fertig! Haltbarkeit: mindestens 3 Tage.

SENF-VINAIGRETTE

Für 2 Personen

2 EL **Balsamico bianco** mit 4 EL **Olivenöl**, 2 EL frisch gepresstem **Orangensaft** und 1 TL mittelscharfem **Senf** gründlich verrühren. Mit **Salz, Pfeffer,** 1–2 Prisen **Zucker,** 2–3 Prisen getrocknetem **Oregano** und 3–4 Tropfen **Tabasco** abschmecken. Passt gut dazu: z.B. Salatgurke oder gegarte Kartoffeln.

4 x SCHNELLES SALATDRESSING ...

MIT FRÜHLINGSZWIEBELN

Für 2 Personen

1 **Knoblauchzehe** schälen und durch die Presse drücken oder ganz fein hacken. 2 **Frühlingszwiebeln** waschen, putzen und fein hacken. 4 EL milden **Sahnejoghurt** mit 3–4 EL frisch gepresstem **Orangensaft** verrühren, Knoblauch und Frühlingszwiebeln untermischen. Mit **Salz, Cayennepfeffer** und 2–3 Prisen **Zucker** abschmecken. Passt gut dazu: z.B. alle Blattsalate oder Salatgurke.

MIT MEERRETTICH

Für 2 Personen

3 EL **Crème fraîche** mit je 2 EL frisch gepresstem **Orangen-** und **Zitronensaft** und 1 TL geriebenem **Meerrettich** (aus dem Glas) verrühren. Mit **Salz, Cayennepfeffer** und 1–2 Prisen **Zucker** abschmecken. Passt gut dazu: z.B. Rote Bete oder Radicchio.

... für alle, die's gern cremig mögen: feine
Rohkost-Blitz-Sößchen mit Joghurt &Co.

MIT SENF

Für 2 Personen

1 hart gekochtes **Ei** (Größe M, Seite 68) schälen
und sehr fein hacken. 2 EL **Schmant** oder cremig
gerührte **saure Sahne** mit 2 EL **Joghurt**, 1 EL
mittelscharfem **Senf**, 2 EL frisch gepresstem
Zitronensaft und gehacktem Ei verrühren. Mit
Salz, Cayennepfeffer und 1–2 Prisen **Zucker**
abschmecken. Passt gut dazu: z.B. Salatgurke
oder alle Blattsalate.

MIT INGWER

Für 2 Personen

1 Stück frischen **Ingwer** (ca. 1 cm) schälen und
sehr fein hacken. 4 EL **Joghurt** mit 2 EL frisch
gepresstem **Limettensaft**, 1 EL **Aprikosen-
Fruchtaufstrich** (ersatzweise eine andere
Konfitüre) und dem Ingwer verrühren. Mit **Salz,**
1–2 Msp. **Sambal Oelek** und 1–2 Prisen **Zucker**
abschmecken. Passt gut dazu: z.B. Blattsalat
mit Sprossen gemischt oder geraspelte Rohkost.

COUSCOUSSALAT MIT KICHERERBSEN

Das leckere Schnellkochwunder

FÜR 2 PERSONEN

- -

150 ml Instant-Gemüsebrühe

125 g vorgegarter Couscous (Instant)

1 x Honig-Vinaigrette (Seite 21)

1 Knoblauchzehe

3 Frühlingszwiebeln

1 Bio-Mini-Salatgurke

1 Dose Kichererbsen (Abtropfgewicht 265 g)

3–4 Prisen gemahlener Kreuzkümmel

Salz

½ TL Sambal Oelek

- -

PRO PERSON: 460 KAL.
ZUBEREITUNGSZEIT: 15 MIN.

1 Die Gemüsebrühe erhitzen. Den Couscous in einer Schüssel mit der Brühe vermischen und 5 Minuten quellen lassen. Die Honig-Vinaigrette zubereiten.

2 Knoblauch schälen und durch die Presse drücken oder fein hacken. Frühlingszwiebeln waschen, putzen, quer in feine Ringe schneiden. Die Salatgurke waschen, längs halbieren oder vierteln und quer in dünne Scheiben schneiden. Kichererbsen in ein Sieb abgießen, kurz kalt abbrausen und die Hälfte davon zum Couscous geben (restliche Kichererbsen in einer Plastik-dose mit Deckel im Kühlschrank aufbewahren und anderweitig verwenden).

3 Alles mit der Honig-Vinaigrette vermischen, mit Kreuzkümmel, Salz und Sambal Oelek ab-schmecken.

TIPP: Der Couscoussalat lässt sich prima vorbereiten – man kann ihn also ruhig schon morgens machen und erst abends essen. Dann aber vor dem Servieren noch einmal kräftig abschmecken.

PASST GUT DAZU: Mittelmeerröllchen (Seite 84) oder Ofenfisch mit Basilikumbutter (Seite 110).

ROTE-BETE-SALAT MIT RÄUCHERFORELLE

Da isst auch das Auge mit

FÜR 2 PERSONEN

1 vorgegarte Rote Bete (ca. 150 g, vakuumverpackt)
1 x Meerrettich-Dressing (Seite 22)
Salz
Cayennnepfeffer
2 geräucherte Forellenfilets (ca. 120 g, vakuumverpackt)
4 EL Gartenkresse (vom Kästchen)

PRO PERSON: 190 KAL.
ZUBEREITUNGSZEIT: 15 MIN.

1 Die vorgegarte Rote Bete mit Küchenpapier trockentupfen, in 1–1 ½ cm dicke Scheiben und dann in Würfelchen schneiden.

2 Das Meerrettich-Dressing zubereiten und in einer Schüssel mit den Rote-Bete-Würfelchen vermischen. Mit Salz und Cayennepfeffer abschmecken.

3 Die Forellenfilets mit Küchenpapier trockentupfen und in mundgerechte Stücke schneiden oder zupfen.

4 Den Rote-Bete-Salat auf zwei Tellern verteilen und mit den Forellenfiletstücken und der Kresse bestreut servieren.

PASST GUT DAZU: kalte Gurkensuppe (Seite 39) oder Kräuterbutter-Brot (Seite 40).

RUCOLASALAT MIT LACHSTATAR

Mit bequemem Räucherwunder kombiniert

FÜR 2 PERSONEN

- 100 g Räucherlachs (in Scheiben, vakuumverpackt)
- 2 Frühlingszwiebeln
- 1 EL frisch gepresster Zitronensaft
- 1 TL geriebener Meerrettich (aus dem Glas)
- Salz
- Cayennepfeffer
- 100 g Rucola
- 1 x Balsamico-Vinaigrette (Seite 20)
- 2 TL Forellenkaviar (aus dem Glas, nach Belieben)

PRO PERSON: 360 KAL.
ZUBEREITUNGSZEIT: 15 MIN.

1 Räucherlachsscheiben übereinanderlegen und zuerst längs in Streifen, dann quer in kleine Würfel schneiden. Frühlingszwiebeln waschen, putzen und quer in feine Ringe schneiden.

2 Lachswürfel in einer Schüssel mit Frühlingszwiebeln, Zitronensaft und dem Meerrettich vermischen. Das Lachstatar mit Salz und Cayennepfeffer abschmecken.

3 Den Rucola putzen, waschen und trockenschleudern oder mit Küchenpapier trockentupfen. Die Balsamico-Vinaigrette zubereiten.

4 Rucolasalat auf zwei großen, flachen Tellern oder in tiefen Pasta-Tellern anrichten, mit der Balsamico-Vinaigrette beträufeln. Das Lachstatar dekorativ in die Mitte des Salats setzen, nach Belieben je 1 TL Forellenkaviar daraufgeben. Mit etwas Cayennepfeffer bestreut servieren.

TIPP: Den Salat kann man nach Belieben auch mit Senf-, Honig- oder Zitrus-Vinaigrette (Seite 20–21) zubereiten.

PASST GUT DAZU: Rote-Bete-Suppe (Seite 39) oder Kartoffelgratin (Seite 89).

Auf die Löffel, fertig, los!

SUPPEN

DIE SCHNELLEN 4 FÜR DEN SUPPENTOPF

TK-GEMÜSE

- →

Lässt sich im Tiefkühler mehrere Wochen lagern / ist so immer „frisch" und griffbereit / bequeme Vitamine – wird erntefrisch schockgefrostet und behält so viele gesunde **Inhaltsstoffe** / bestens geeignet für cremige **Suppen** (ab Seite 34) / für feines **Gemüse** (z.B. Toskana-Spinat oder Indische Kokoserbsen, Seite 86/87) / kann man aber auch mal schnell zu **Saucen** geben (z.B. Spinat zur Tomatensauce auf Napoli-Art, Seite 57) / oder in **Reis** mitgaren (z.B. Erbsen im Asia-Reis, Seite 106).

FRÜHLINGSZWIEBELN

←- -

Kann man problemlos im Gemüsefach des Kühlschranks rund 1 Woche aufbewahren / lassen sich leicht portionieren / haben einen geringen „Putzbedarf" und „beißen" nicht beim Schneiden / sind ruck, zuck gar / Frühlingszwiebeln sind deshalb die ideale, schnelle Zwiebelwürze für das bequeme Kochen / fein für **Suppen** (ab Seite 34) / für **Salatsaucen** und **-dressings** (Seite 20–23) / für **Würzbutter** (Seite 110) / für **Grillsaucen** (Seite 90–91) oder **Omeletts** (z.B. Zucchini-Omelett, Seite 70).

DOSEN–GEMÜSE

Super geeignet für die Vorratshaltung – hält sich jahrelang / ist vorgegart und deshalb blitzschnell zubereitet / am allerbesten nur „pure" Ware ohne Zusätze und wenn möglich in Bio-Qualität (z.B. Mais) kaufen / ideal für **Suppen** (z.B. Bohnen-Tomaten-Suppe, Seite 36 / für **Salate** (z.B. Avocadosalat mit Mais, Seite 16) / als **Chili-Eintopf** (dafür die Blitz-Bolognese von Seite 62 mit 1 großen Dose Tomaten (Inhalt 800 g) und 100 ml zusätzlicher Instant-Gemüsebrühe kochen, Dosen-Bohnen und -Mais zugeben und alles mit Ajvar und Sambal Oelek kräftig abschmecken) / oder einfach als ganz schnelle **Gemüsebeilage** servieren (z.B. Dosen-Mais mit der Basilikumbutter von Seite 110 mischen).

INSTANT–GEMÜSEBRÜHE

Die bequeme Basis für alle Suppen und Saucen / gibt's gekörnt, als Paste oder im Würfel / sollte man eigentlich immer im Vorrat haben / fett- und kalorienarm / „pur" teelöffelweise als **Würze** zu verwenden / auch schön als schnelle, heiße **Suppentasse**, z.B. mit verquirltem Ei / lecker mit fein gehacktem Ingwer, Sojasauce, Limettensaft, Frühlingszwiebelringen und ein paar Nudeln als **Asia-Blitz-Suppe.**

BROKKOLI-BASILIKUM-SUPPE

Mit fixem Schon-geputzt-Gemüse

FÜR 2 PERSONEN

- 2 Frühlingszwiebeln
- 1 Knoblauchzehe
- 1 EL Olivenöl
- 1 Handvoll Basilikumblättchen
- 1 Päckchen TK-Brokkoli (300 g)
- 400 ml Instant-Gemüsebrühe
- 100 g Sahne
- 1 EL Balsamico bianco
- Salz
- Cayennepfeffer

PRO PERSON: 255 KAL.
ZUBEREITUNGSZEIT: 15 MIN.

1 Die Frühlingszwiebeln waschen, putzen und quer in feine Ringe schneiden. Die Knoblauchzehe schälen und durch die Presse drücken oder fein hacken.

2 Olivenöl in einem weiten Topf erhitzen. Frühlingszwiebeln und Knoblauch darin unter Rühren bei mittlerer Hitze 2–3 Min. andünsten. Das Basilikum grob hacken oder zerzupfen und mit dem tiefgekühlten Brokkoli dazugeben.

3 Die Gemüsebrühe und die Sahne angießen, 6–8 Min. köcheln lassen, dabei immer wieder umrühren und alles gut vermischen.

4 Die Suppe mit dem Pürierstab ganz fein pürieren. Mit Balsamico bianco, Salz und Cayennepfeffer abschmecken.

PASST GUT DAZU: Venezia-Crostini oder Pizza-Crostini (beides Seite 41).

BOHNEN-TOMATEN-SUPPE

Über Nacht einweichen war gestern ...

FÜR 2 PERSONEN

4 Frühlingszwiebeln
1 Knoblauchzehe
1 EL Olivenöl
1 Dose weiße Bohnen (Abtropfgewicht 240 g)
1 Dose geschälte Tomaten
(Inhalt 400 g)
200 ml Instant-Gemüsebrühe
1 EL Aceto balsamico
3–4 Prisen getrockneter Oregano
Salz
Cayennepfeffer
1–2 Prisen Zucker

PRO PERSON: 230 KAL.
ZUBEREITUNGSZEIT: 15 MIN.

1 Die Frühlingszwiebeln waschen, putzen und quer in feine Ringe schneiden. Die Knoblauchzehe schälen und durch die Presse drücken oder fein hacken.

2 Olivenöl in einem Topf erhitzen. Frühlingszwiebeln und Knoblauch darin bei mittlerer Hitze unter Rühren 1–2 Min. andünsten.

3 Die Bohnen in ein Sieb abgießen, kurz kalt abbrausen und mit den Tomaten samt Saft in den Topf geben.

4 Die Gemüsebrühe angießen, Tomaten mit einer Gabel grob zerkleinern. Alles 6–8 Min. köcheln lassen.

5 Die Suppe mit dem Pürierstab fein pürieren. Mit Aceto balsamico, Oregano, Salz, Cayennepfeffer und Zucker abschmecken.

TIPP: Wer möchte, kann auch ein paar weiße Bohnen zurückbehalten und erst nach dem Pürieren in die Suppe geben und darin erwärmen. Das verleiht ihr etwas „Biss".

PASST GUT DAZU: Griechische Putenspießchen (Seite 96) – gleich dekorativ über die Suppentassen legen.

4 x SCHNELLE, KALTE SUPPE ...

ANANAS-PAPRIKA-SUPPE

Für 2 Personen

100 g **geröstete, gehäutete Paprikaschoten**
(aus dem Glas) abtropfen lassen. Mit 1 Dose
Ananasstückchen (natursüß, ohne Zuckerzu-
satz, ca. 400 g Inhalt) samt Saft im elektrischen
Zerhacker oder im Mixer fein pürieren. Mit 2 EL
frisch gepresstem **Limettensaft,** ½ TL **Sambal
Oelek, Salz** und 1 Prise **Zucker** abschmecken.
In Gläsern auf Eiswürfeln servieren.

RUCOLASUPPE

Für 2 Personen

60 g **Rucola** putzen, waschen, trockenschleudern
oder mit Küchenpapier trockentupfen. Mit 100 ml
kalter **Instant-Gemüsebrühe,** 2 EL **Aceto balsamico,** 3 EL **Olivenöl,** 2 EL frisch gepresstem
Orangensaft und 2 EL **Joghurt** im elektrischen
Zerhacker oder im Mixer fein pürieren. Mit **Salz**
und 1–2 Prisen **Zucker** abschmecken. In Gläsern
auf Eiswürfeln servieren.

... für die frische Sommerküche. Statt kochen nur mixen und auf Eiswürfeln servieren: So schmeckt die „neue" Suppe!

ROTE–BETE–SUPPE

Für 2 Personen

1 vorgegarte **Rote Bete** (ca. 150 g, vakuumverpackt) grob würfeln. Mit je 2 EL frisch gepresstem **Orangen-** und **Limettensaft,** 80 ml kalter **Instant-Gemüsebrühe** und 2 EL **Joghurt** im elektrischen Zerhacker oder im Mixer fein pürieren. Mit 1–2 Msp. **Sambal Oelek** und **Salz** abschmecken. In Gläsern auf Eiswürfeln servieren.

GurkenSuppe

Für 2 Personen

1 **Bio-Mini-Salatgurke** waschen und in grobe Stücke schneiden. Mit 2 EL **Joghurt,** 1 Handvoll **Basilikumblättchen,** 1 TL gekörnter **Instant-Gemüsebrühe,** 50 ml frisch gepresstem **Orangensaft** und 2 EL **Balsamico bianco** im elektrischen Zerhacker oder im Mixer fein pürieren. Mit **Salz** und einigen Spritzern **Tabasco** abschmecken. In Gläsern auf Eiswürfeln servieren.

4 x SCHNELLE BROTBEILAGE ...

...,die nicht nur zu Suppen schmeckt. Und das Tolle daran:
Man kann alles auch mit Brot vom Vortag machen!

NIZZA-CROSTINI

Für 2 Personen

6 dünne **Baguette-Scheiben** im Toaster knusprig rösten und mit je 1 TL **Chili-Aioli** (Seite 90) bestreichen. Die Baguette-Scheiben in Suppenteller legen und jede Scheibe mit 1 EL geriebenem **Emmentaler** (aus der Tüte) bestreuen. Eine Suppe oder auch einen Eintopf nach Wahl (z.B. den Thunfisch-Gemüse-Topf, Seite 104) vorsichtig darübergießen.

KRÄUTERBUTTER-BROT

Für 2 Personen

Den Backofen auf 180° (Umluft 160°) vorheizen. 1 **Baguette** (ca. 200 g) scheibenmäßig ein-, aber nicht durchschneiden (das Brot soll unten noch zusammenhalten). 1 Portion **Basilikumbutter** (oder jede andere Würzbutter-Sorte, Seite 110) zwischen den Scheiben verteilen. Gebuttertes Baguette in Alufolie wickeln und im Ofen (Mitte) 6–8 Min. backen. Aus der Folie wickeln, auf einer Platte anrichten und gleich servieren.

VENEZIA-CROSTINI

Für 2 Personen

Den Backofen auf 200° (Umluft 180°) vorheizen.
1 **Knoblauchzehe** schälen und durch die Presse
drücken oder fein hacken, 1 Handvoll **Basilikumblättchen** fein hacken. Mit 2 EL **Olivenöl,** ½ TL
Sambal Oelek und 3–4 Prisen **Salz** vermischen.
6 **Baguette-Scheiben** mit dem Olivenöl-Mix
bestreichen, auf ein mit Backpapier ausgelegtes
Blech legen. Jede Scheibe mit 1 EL geriebenem
Mozzarella (aus der Tüte) bestreuen und im
Ofen (Mitte) 3–4 Min. backen.

PIZZA-CROSTINI

Für 2 Personen

Den Backofen auf 200° (Umluft 180°) vorheizen.
6 **Baguette-Scheiben** auf ein mit Backpapier
ausgelegtes Blech legen. Jede Brotscheibe mit
1 TL **Tomatenmark** bestreichen und mit 2 feinen
Salamischeiben und 2 **Basilikumblättchen**
belegen. 6 **Mini-Mozzarellabällchen** halbieren
und auf den Scheiben verteilen. Im Ofen (Mitte)
4–5 Min. backen.

TOMATEN-KOKOS-SUPPE

Mit dem schnellen Exoten-Kick

FÜR 2 PERSONEN

- **3 Frühlingszwiebeln**
- **1 Knoblauchzehe**
- **1 EL Öl**
- **400 ml passierte Tomaten** (aus dem Tetrapack)
- **¼ l Kokosmilch** (aus dem Tetra-Pack oder aus der Dose)
- **100 ml Instant-Gemüsebrühe**
- **2 EL frisch gepresster Orangensaft**
- **Salz**
- **Cayennepfeffer**
- **3–4 Prisen gemahlener Kreuzkümmel**
- **2–3 Prisen Zucker**
- **2–3 Msp. Sambal Oelek**

PRO PERSON: 105 KAL.
ZUBEREITUNGSZEIT: 15 MIN.

1 Frühlingszwiebeln waschen, putzen und quer in feine Ringe schneiden. Die Knoblauchzehe schälen und durch die Presse drücken oder fein hacken.

2 Öl in einem Topf erhitzen. Frühlingszwiebeln und Knoblauch darin bei mittlerer Hitze unter Rühren 2–3 Min. andünsten.

3 Passierte Tomaten, Kokosmilch, Gemüsebrühe und Orangensaft untermischen. Alles 5–6 Min. bei geringer Hitze köcheln lassen.

4 Die Tomaten-Kokos-Suppe mit Salz, Cayennepfeffer, Kreuzkümmel, Zucker und Sambal Oelek abschmecken.

PASST GUT DAZU: Ziegenkäse-Omelett (Seite 78) oder Kräuterbutter-Brot (Seite 40).

KARTOFFEL–SPINAT–SUPPE

Mit fein gehacktem Grüngemüse

FÜR 2 PERSONEN

- 1 große, vorwiegend festkochende Kartoffel (ca. 200 g)
- 2 Frühlingszwiebeln
- 1 Knoblauchzehe
- 1 EL Öl
- 200 g TK-Spinat (gehackt)
- 300 ml Instant-Gemüsebrühe
- 200 g Sahne
- 2 EL Balsamico bianco
- 2 EL frisch geriebener Parmesan
- Salz
- Cayennepfeffer

PRO PERSON: 470 KAL.
ZUBEREITUNGSZEIT: 20 MIN.

1 Kartoffel schälen, waschen und fein würfeln. Frühlingszwiebeln waschen, putzen und quer in feine Ringe schneiden. Knoblauchzehe schälen und durch die Presse drücken oder fein hacken.

2 Das Öl in einem Topf erhitzen. Kartoffel, Frühlingszwiebeln und Knoblauch darin bei mittlerer Hitze unter Rühren 2–3 Min. andünsten.

3 Tiefgekühlten Spinat, Gemüsebrühe und die Sahne zugeben. Alles 8–10 Min. köcheln lassen.

4 Balsamico bianco und Parmesan unterrühren. Die Suppe mit dem Pürierstab fein pürieren. Mit Salz und Cayennepfeffer abschmecken.

TIPP: Besonders lecker schmeckt die Suppe, wenn sich jeder vor dem Löffeln noch frisch geriebenen Parmesan darüberstreut.

PASST GUT DAZU: Venezia-Crostini (Seite 41) oder Paprika-Tortilla (Seite 74).

ROTE LINSENSUPPE

Mit Formel-1-Hülsenfrüchten für Schnellkocher

FÜR 2 PERSONEN

- 2 Frühlingszwiebeln
- 1 Knoblauchzehe
- 1 EL Olivenöl
- 150 g rote Linsen
- 100 g TK-Möhren (in Scheiben)
- 600 ml Instant-Gemüsebrühe
- 100 g Sahne
- 6 EL frisch gepresster Orangensaft
- 4 EL frisch gepresster Limettensaft
- 2–3 Prisen gemahlener Kreuzkümmel
- 2–3 Prisen Currypulver
- Salz
- 1–2 Msp. Sambal Oelek
- 2 EL geröstete, gesalzene Erdnüsse

PRO PERSON: 555 KAL.
ZUBEREITUNGSZEIT: 25 MIN.

1 Frühlingszwiebeln putzen, waschen und quer in feine Ringe schneiden. Den Knoblauch schälen und durch die Presse drücken oder fein hacken.

2 Olivenöl in einem weiten Topf erhitzen. Die Zwiebeln und den Knoblauch darin bei mittlerer Hitze unter Rühren andünsten.

3 Die Linsen in einem Sieb kurz kalt abbrausen, dann mit den tiefgekühlten Möhren in den Topf geben. Gemüsebrühe und Sahne angießen, alles ca. 20 Min. köcheln lassen, dabei immer wieder umrühren und alles gut vermischen.

4 Orangen- und Limettensaft dazugeben, mit Kreuzkümmel und Currypulver sowie Salz und Sambal Oelek abschmecken.

5 Die Suppe mit dem Pürierstab fein pürieren. Die Erdnüsse grob hacken und über die Suppe streuen. Servieren.

PASST GUT DAZU: Ziegenkäse-Omelett (Seite 76) oder Chili-Kartoffeln (Seite 88) als pikante, sättigende Einlage.

PASTA

Heute mal Lust auf 'ne schnelle Nudel?

DIE SCHNELLEN 4 FÜR NUDELN

PASTA

Getrocknete Nudeln lassen sich viele Monate lagern / bei unseren „bequemen" Rezepten spielt die Sorte keine Rolle – einfach nehmen, was da ist / frische Nudeln wie Ravioli, Tortellini oder Tagliatelle aus dem Kühlregal des Supermarkts halten im Kühlschrank nur einige Tage / dafür sind sie aber in der Regel nach 3–4 Min. Kochzeit servierfertig – und deshalb genauso „bequem" wie die getrockneten / schnell und lecker: gekochte Nudeln mit Frühlingszwiebelringen, gewürfeltem Schinken und Ei als würzige **Schinkennudeln** braten / mit Chili, Knoblauch und feinem Olivenöl zu feurigen **„Aglio e Olio"** verarbeiten / mit Cocktail-Sauce (Seite 91) und Shrimps zu **Nudelsalat** vermischen / frische Salbeiblättchen in reichlich Butter anbraten, die Pasta darin schwenken und als **Salbeinudeln** auf den Tisch bringen.

BASILIKUM

Gibt es sogar in den kühlen Jahreszeiten im Topf zu kaufen / hält sich so auf dem Fensterbrett in der Küche mindestens 1 Woche / sehr bequem, weil man einfach nach Bedarf ein paar Blättchen abzupfen kann / mit Basilikum kommt im Handumdrehen „italienischer" Geschmack an das Essen, etwa bei **Pesto** (Seite 58–59), **Tomatensaucen** (Seite 56–57) und **Suppen** (z.B. Brokkoli-Basilikum-Suppe, Seite 34) aber auch bei **Crostini** (z.B. Venezia-Crostini, Seite 41).

DOSEN–TOMATEN

-->

**Dauerkonserve, die richtig lange haltbar ist /
Dosen-Tomaten lassen sich also fast unbe-
grenzt im Vorratsschrank aufheben / ohne
künstliche Zusatzstoffe, ganz „pur" einfach
nur gehäutet und „eingedost" / schmecken
meist viel intensiver als frische Tomaten,
weil das verwendete Gemüse in südlichen
Ländern angebaut wird und so viel mehr
Sonne gesehen hat /** sind die ideale Basis für
fruchtige **Suppen** (z.B. Tomaten-Kokos-Suppe,
Seite 42) / machen viele **Saucen** (Seite 57)
herrlich aromatisch / verfeinern **Eintöpfe** (z.B.
Thunfisch-Gemüse-Topf, Seite 104).

PARMESAN

<--

**Hält sich im Stück und in Folie gewickelt im
Kühlschrank mehrere Wochen frisch / lässt
sich so in der gewünschten Menge immer
dann reiben, wenn er gebraucht wird /** kann
man nicht nur zu Nudeln servieren, sondern
auch als **„Italo-Würze"** einsetzen, etwa bei
Pesto (Seite 58–59), bei **Tomatensaucen** (Seite
56–57), **Suppen** (z.B. Kartoffel-Spinat-Suppe,
Seite 44) oder **Gemüse** (z.B. Toskana-Spinat,
Seite 87) / mit dem Sparschäler feine Parmesan-
späne abziehen und als **Topping** auf Salaten,
Suppen, Eintöpfen und mehr verteilen.

SHRIMPS-PASTA AUS DEM WOK

Aus dem Tiefkühler gleich ab zum Braten ...

1 Für die Nudeln reichlich Wasser zum Kochen bringen, salzen. Nudeln darin nach Packungsanweisung al dente garen. Dann in ein Sieb abgießen und kurz abtropfen lassen.

FÜR 2 PERSONEN

- **250 g Spaghetti** (ersatzweise auch andere Nudeln)
- **Salz**
- **3 Frühlingszwiebeln**
- **2 Knoblauchzehen**
- **1 Handvoll Basilikumblättchen**
- **1 Päckchen TK-Bio-Shrimps** (200 g)
- **1 EL Olivenöl**
- **2 EL Butter**
- **50 ml Instant-Gemüsebrühe**
- **3 EL frisch gepresster Limettensaft** →weniger
- **2–3 Msp. Sambal Oelek**

PRO PERSON: 690 KAL.
ZUBEREITUNGSZEIT: 20 MIN.

2 Inzwischen die Frühlingszwiebeln waschen, putzen und quer in feine Ringe schneiden. Die Knoblauchzehen schälen und durch die Presse drücken oder fein hacken. Basilikumblättchen in feine Streifen schneiden.

3 Die Shrimps in ein Sieb geben und mit kaltem Wasser abbrausen, dann gut abtropfen lassen.

4 Das Olivenöl in einem Wok (eine große Pfanne geht aber auch) erhitzen. Knoblauch, Frühlingszwiebeln und Basilikum darin bei mittlerer Hitze 2–3 Min. unter Rühren anbraten.

5 Abgetropfte Shrimps und Butter dazugeben, alles weitere 3–4 Min. unter Rühren braten.

6 Gemüsebrühe und Limettensaft angießen, mit Salz und Sambal Oelek kräftig würzen, 4–5 Min. bei kleiner Hitze köcheln lassen.

7 Die abgetropften Nudeln untermischen, die Shrimps-Pasta noch einmal mit Salz und Sambal Oelek abschmecken, gleich servieren.

PASST GUT DAZU: Kopfsalat mit Zitrus-Vinaigrette (Seite 20) oder gemischter Blattsalat mit Sprossen und Ingwer-Dressing (Seite 23).

4 x SCHNELLE SAHNESAUCE ...

...., die ganz besonders lecker zu frischen Tortellini und
Ravioli aus dem Kühlregal schmeckt!

MIT BRATWURST

Für 2 Personen

4 **Frühlingszwiebeln** waschen, putzen und quer
in feine Ringe schneiden. 1 **Knoblauchzehe**
schälen und durch die Presse drücken oder fein
hacken. 2 frische, rohe **Bratwürste** (ca. 200 g)
längs halbieren, Wurstbrät mit einem Messer
aus der Haut schaben und grob hacken. 1 EL
Öl in einer Pfanne erhitzen. Den Knoblauch mit
den Frühlingszwiebeln und dem Bratwurstbrät
darin unter Rühren 3–4 Min. bei mittlerer Hitze
anbraten. 50 ml **Instant-Gemüsebrühe,** 50 g
Sahne und 2 EL **Mascarpone** (ersatzweise
auch ein anderer Frischkäse) zugeben, alles gut
vermischen, bei geringer Hitze 5–6 Min. köcheln
lassen. Die Sauce mit **Salz, Cayennepfeffer,**
frisch geriebener **Muskatnuss** und 1 Spritzer
frisch gepresstem **Zitronensaft** oder **Balsamico
bianco** abschmecken.

MIT GORGONZOLA

Für 2 Personen

150 g **Sahne-Gorgonzola** grob würfeln (ersatzweise 100 g Gorgonzola und 2 EL Mascarpone) und mit 100 g **Sahne** und 1 TL gekörnter
Instant-Gemüsebrühe 3–4 Min. unter Rühren
bei geringer Hitze schmelzen lassen. 2 EL frisch
geriebenen **Parmesan** untermischen. Sauce mit
Salz, Cayennepfeffer und 1 Spritzer frisch gepresstem **Zitronensaft** oder **Balsamico bianco**
abschmecken, noch 2–3 Min. köcheln lassen.

MIT FORELLENKAVIAR

Für 2 Personen

1 **Bio-Limette** heiß waschen und 1 TL Schale fein
abreiben, 2 EL Saft auspressen. 4 EL **Mascarpone** (ersatzweise auch ein anderer Frischkäse) mit
100 g **Sahne**, Limettensaft und -schale in einem
Topf erhitzen, alles mit einem Schneebesen gut
verrühren. 2 EL **Forellenkaviar** (aus dem Glas)
zugeben, Sauce mit **Salz** und **Cayennepfeffer**
abschmecken.

MIT MASCARPONE

Für 2 Personen

1 EL **Butter** in einem Topf schmelzen lassen.
4 EL **Mascarpone** (ersatzweise auch ein anderer
Frischkäse), 100 g **Sahne** und 1 TL gekörnte
Instant-Gemüsebrühe zugeben, alles mit einem
Schneebesen gut verrühren. Bei geringer Hitze
6–8 Min. köcheln lassen. 2 EL frisch geriebenen
Parmesan einrühren. Sauce mit **Salz, Pfeffer,**
frisch geriebener **Muskatnuss** und 1 Spritzer
frisch gepresstem **Zitronensaft** abschmecken.

4 × SCHNELLE TOMATENSAUCE ...

... aus rohen, passierten und geschälten Tomaten:
super-köstlich, extra-fix und nicht nur zu Nudeln gut!

KARIBISCH

Für 2 Personen

4 **Frühlingszwiebeln** waschen, putzen und quer
in feine Ringe schneiden. 2 **Knoblauchzehen**
schälen und durch die Presse drücken oder fein
hacken. 2 EL **Olivenöl** in einem Topf erhitzen
und darin Frühlingszwiebeln und Knoblauch
bei mittlerer Hitze andünsten. 150 g geröstete,
gehäutete **Paprikaschoten** (aus dem Glas) auf
Küchenpapier abtropfen lassen, fein hacken
und mit 200 ml passierten **Tomaten** (aus dem
Tetrapack) und 50 ml **Instant-Gemüsebrühe** zur
Zwiebelmischung geben. Mit 2 EL frisch gepresstem **Orangensaft,** 2 Prisen gemahlenem **Kreuzkümmel**, 3–4 Prisen getrocknetem **Oregano,
Salz** und **Cayennepfeffer** abschmecken, dann
noch 6–8 Min. köcheln lassen.

GANZ ROH

Für 2 Personen

400 g **Tomaten** waschen und vierteln, dabei die
Stielansätze und Kerne entfernen, Fruchtfleisch
grob hacken. 1 **Knoblauchzehe** schälen und
mit den Tomatenstücken, 1 Handvoll **Basilikumblättchen**, 2 EL **Aceto balsamico** und 4 EL **Olivenöl** im elektrischen Zerhacker oder im Mixer
fein pürieren. Mit **Salz**, 1–2 Msp. **Sambal Oelek**
und 1–2 Prisen **Zucker** abschmecken.

MIT SARDELLEN

Für 2 Personen

4 **Sardellenfilets** (in Öl, aus dem Glas) kurz auf Küchenpapier abtropfen lassen, 1 **Knoblauchzehe** schälen, beides fein hacken. 80 g grüne **Oliven** (mit roter Paprikafüllung, aus dem Glas) quer in feine Ringe schneiden. 2 EL **Olivenöl** in einem Topf erhitzen. Sardellen, Knoblauch und Oliven darin unter Rühren bei mittlerer Hitze 2–3 Min. andünsten. 1 Dose geschälte **Tomaten** (Inhalt 400 g) samt dem Saft und 50 ml **Instant-Gemüsebrühe** angießen, Tomaten mit einer Gabel leicht zerdrücken. 1 Handvoll **Basilikumblättchen** und 2 EL **Kapern** fein hacken, zugeben. Mit 1 EL **Aceto balsamico, Salz, Cayennepfeffer** und 2 Prisen **Zucker** würzen. Die Sauce 6–8 Min. köcheln lassen, dann 2 EL frisch geriebenen **Parmesan** untermischen.

AUF NAPOLI-ART

Für 2 Personen

3 **Frühlingszwiebeln** waschen, putzen und quer in feine Ringe schneiden. 1 **Knoblauchzehe** schälen und durch die Presse drücken oder fein hacken. 1 EL **Olivenöl** in einem Topf erhitzen. Frühlingszwiebeln und Knoblauch darin unter Rühren bei mittlerer Hitze 2–3 Min. andünsten. 1 Dose geschälte **Tomaten** (Inhalt 400 g) samt dem Saft und 50 ml **Instant-Gemüsebrühe** angießen, Tomaten mit einer Gabel leicht zerdrücken. 1 Handvoll **Basilikumblättchen** fein hacken und mit 1 EL **Aceto balsamico** zugeben. Mit **Salz, Cayennepfeffer** und 1–2 Prisen **Zucker** würzen. Die Sauce 8–10 Min. köcheln lassen, dann 1 EL frisch geriebenen **Parmesan** untermischen.

4 x SCHNELLES PESTO ...

MIT MANDELN

Für 2 Personen

400 g **Tomaten** waschen und vierteln, dabei die Stielansätze und Kerne entfernen. 2 **Knoblauchzehen** schälen, 30 g **Parmesan** grob würfeln. Alles mit 2 Handvoll **Basilikumblättchen**, 100 g gehackten **Mandeln** und 5 EL **Olivenöl** im elektrischen Zerhacker oder im Mixer fein pürieren. Mit 2 EL **Aceto balsamico** vermischen, mit **Salz**, **Cayennepfeffer** und 1–2 Prisen **Zucker** würzen.

MIT ERDNÜSSEN

Für 2 Personen

2 **Knoblauchzehen** schälen, 100 g **Feta-Käse** grob würfeln. Beides mit 50 g gerösteten, gesalzenen **Erdnüssen**, 2 Handvoll **Basilikumblättchen** und 5 EL **Olivenöl** im elektrischen Zerhacker oder im Mixer fein pürieren. 2 EL frisch gepressten **Zitronensaft** zugeben, alles gut vermischen, mit **Salz** und **Cayennepfeffer** würzen.

TIPP: Jedes Pesto zum Servieren immer zuerst mit 5–6 EL heißem Nudelkochwasser verrühren, dann erst unter die abgetropften, gegarten Nudeln mischen. Alles noch einmal mit Salz abschmecken.

... für Nudeln, Reis & Co. – nichts einfacher als das:
Alle Zutaten ab in den Mixer, fertig!

PESTO ROSSO

Für 2 Personen

120 g getrocknete **Tomaten** (in Öl, aus dem
Glas) kurz abtropfen lassen. 1 **Knoblauchzehe**
schälen, 50 g **Parmesan** grob würfeln. Alles
mit 1 Handvoll **Basilikumblättchen** und 5 EL
Olivenöl im elektrischen Zerhacker oder im
Mixer fein pürieren. Mit 2 EL **Aceto balsamico**
vermischen, mit **Salz,** 1–2 Msp. **Sambal Oelek**
und 1–2 Prisen **Zucker** würzen.

TIPP: Pesto rosso in eine Plastikdose oder
ein Schraubglas mit Deckel füllen und gut
verschlossen im Kühlschrank aufbewahren.
Haltbarkeit: mindestens 5–6 Tage.

PESTO GENOVESE

Für 2 Personen

2 **Knoblauchzehen** schälen, 30 g **Parmesan**
grob würfeln. Beides mit 50 g **Basilikumblättchen,** 30 g **Pinienkernen** und 5 EL **Olivenöl**
im elektrischen Zerhacker oder im Mixer fein
pürieren. Mit **Salz** würzen.

TOSKANA-PASTA

Mit würzigem Brat-Mix für Turbo-Nudeln

1 Für die Nudeln reichlich Wasser zum Kochen bringen, salzen. Nudeln darin nach Packungsanweisung al dente garen. Dann in ein Sieb abgießen und kurz abtropfen lassen.

2 Inzwischen Knoblauchzehen schälen und durch die Presse drücken oder fein hacken. Frühstücksspeck quer in feine Streifen schneiden.

3 Den Rucola putzen, waschen und trockenschleudern oder mit Küchenpapier gut trockentupfen. Die Blättchen ebenfalls quer in feine Streifen schneiden.

4 Das Olivenöl in einer Pfanne erhitzen. Knoblauch, Speck und Rucola darin bei mittlerer Hitze 3–4 Min. braten, dabei ab und zu umrühren.

5 Limette heiß waschen und etwa 1 TL Schale fein abreiben, 2 EL Saft auspressen. Beides mit den Kapern (samt der Flüssigkeit) in die Pfanne geben und unter die Rucolamischung rühren.

6 Zum Schluss die abgetropften Nudeln untermischen und alles noch 3–4 Min. braten. Mit Salz und Sambal Oelek abschmecken und mit dem Parmesan bestreut servieren.

PASST GUT DAZU: Salat mit Balsamico-Vinaigrette (Seite 20) oder Frühlingszwiebel-Dressing (Seite 22).

FÜR 2 PERSONEN

- **200 g Spaghetti** (ersatzweise auch andere Nudeln)
- **Salz**
- **2 Knoblauchzehen**
- **80 g Frühstücksspeck** (Bacon, in Scheiben)
- **80 g Rucola**
- **3 EL Olivenöl**
- **1 Bio-Limette**
- **1 Glas Kapern** (Abtropfgewicht 35 g)
- **½ TL Sambal Oelek**
- **2 EL frisch geriebener Parmesan**

PRO PERSON: 785 KAL.
ZUBEREITUNGSZEIT: 20 MIN.

PASTA MIT BLITZ-BOLOGNESE

Mit Lieblingssauce in Weltrekordzeit

FÜR 2 PERSONEN

- **200 g Tagliatelle** (ersatzweise auch andere Nudeln)
- **Salz**
- **1 kleines Bund Suppengrün**
- **2 Frühlingszwiebeln**
- **1 Knoblauchzehe**
- **1 EL Olivenöl**
- **250 g gemischtes Hackfleisch**
- **100 ml Milch**
- **200 ml Instant-Gemüsebrühe**
- **1 EL Aceto balsamico**
- **4 EL Tomatenmark**
- **1 TL getrockneter Oregano**
- **Cayennepfeffer**
- **3 EL frisch geriebener Parmesan**

PRO PERSON: 815 KAL.
ZUBEREITUNGSZEIT: 20 MIN.

1 Für die Nudeln reichlich Wasser zum Kochen bringen, salzen. Nudeln darin nach Packungsanweisung al dente garen. Dann in ein Sieb abgießen und kurz abtropfen lassen.

2 Inzwischen das Suppengrün waschen oder schälen und putzen, grob hacken. Frühlingszwiebeln waschen, putzen und ebenfalls grob hacken. Die Knoblauchzehe schälen. Alles im elektrischen Zerhacker oder im Mixer in Stückchen zerkleinern.

3 Das Olivenöl in einem Topf erhitzen. Gemüse darin bei mittlerer Hitze unter Rühren 2–3 Min. andünsten. Das Hackfleisch zugeben und unter Rühren 2–3 Min. mitbraten.

4 Milch und Gemüsebrühe angießen, Aceto balsamico und Tomatenmark dazugeben und gut untermischen. Mit Oregano, Salz und Cayennepfeffer würzen. Sauce 4–5 Min. köcheln lassen.

5 Unter die Sauce 1 EL Parmesan mischen, dann nochmals mit ein wenig Salz und Cayennepfeffer abschmecken. Nudeln mit Blitz-Bolognese und restlichem Parmesan anrichten.

PASST GUT DAZU: Blattsalat mit Senf-Vinaigrette (Seite 21) oder Meerrettich-Dressing (Seite 22).

KÄSE–MAKKARONI

Superbequeme Ofennudeln

1 Für die Nudeln reichlich Wasser zum Kochen bringen, salzen. Nudeln darin nach Packungsanweisung al dente garen. Dann in ein Sieb abgießen und kurz abtropfen lassen.

2 Inzwischen Backofen auf 200° (Umluft 180°) vorheizen. Das Basilikum fein hacken. Eine ofenfeste Auflaufform (ca. 20 x 25 cm) mit der Butter einfetten.

3 Milch in den heißen Nudeltopf geben, Senf mit dem Schneebesen einrühren. Die Nudeln, das Basilikum und die Hälfte des Käses zugeben, alles gut vermischen, salzen und pfeffern.

4 Nudelmischung in die Form geben, mit dem restlichen Käse bestreuen und im Ofen (Mitte) in ca. 10 Min. goldbraun überbacken.

PASST GUT DAZU: Chicoréesalat mit Honig-Vinaigrette (Seite 21) oder Radicchiosalat mit Meerrettich-Dressing (Seite 22).

Da hau' mir doch einer ein Ei in die Pfanne ...

oMELETTS

DIE SCHNELLEN 4 AUS DER SCHALE

HART GEKOCHTES EI

Basis ist das Super-bequem-Food schlecht-
hin: das Ei / von Natur aus gut verpackt /
ergibt auch „pur" ein richtiges Essen / am
besten Bio-Eier von frei laufenden Hühnern
kaufen / Eier möglichst im Kühlschrank aufbewahren – so bleiben sie länger frisch /
Eier (Größe M) mit kaltem Wasser in einem
Topf aufkochen lassen, dann in 8–10 Min. **hart
kochen**, gut kalt abschrecken, schälen / Eihälften
mit grobem Meersalz und geröstetem Sesam in
Schälchen **zum Dippen** servieren / auch fein:
in Scheiben geschnitten als **Sandwich-Belag**
(Seite 72–73) oder als Salatdeko nehmen / oder
gehackt als **„Topping"** für Suppen einsetzen
(z.B. für Brokkoli-Basilikum-Suppe, Seite 34) /
mit Cocktail-Sauce oder Chili-Aioli (Seite 90–91)
vermischt als **schnellen Eiersalat** servieren.

RÜHREI

Für 1 Person 2 Eier (Größe M) mit Salz und Pfeffer
in einer Schüssel verrühren. 1 EL Butter in einer
kleinen, beschichteten Pfanne erhitzen. Eimasse
zugeben und bei mittlerer Hitze unter Rühren
3–4 Min. stocken lassen, bis das **Rührei** noch
cremig, aber nicht mehr „glibberig" ist / auch
lecker mit **Frühlingszwiebelringen**, die vorher
in der Butter angedünstet werden / oder mit frischen **Schnittlauchröllchen** darüber / oder mit
je 2 EL **Sahne** und geriebenem **Emmentaler**, die
mit den Eiern verrührt werden / oder mit feinen
Streifen **Frühstücksspeck** oder **Schinken**, die
vorher in der Butter angebraten werden.

WACHSWEICHES EI

Die Eier (Größe M) in kochendes Wasser geben, 6–7 Min. (je nach Dicke der Schale – das muss man einfach mal austesten) kochen, kalt abschrecken / bei „wachsweichen" Eiern ist das Eigelb nicht mehr flüssig, aber noch weich / nach dem Abschrecken schälen, längs halbieren und auf **Salat** anrichten / in einen Eierbecher setzen, eine kleine Kuppe abschlagen, 1 TL Forellenkaviar daraufgeben und zum Brunch servieren / auch fein: schälen, fein hacken, mit Schnittlauchröllchen, Salz und Cayennepfeffer vermischen und z.B. als **schnellen Dip** zu gekochtem grünen Spargel oder anderem Gemüse verwenden.

SPIEGELEI

Für 1 **Spiegelei** 1 TL Butter in einer kleinen, beschichteten Pfanne erhitzen. 1 Ei (Größe M) hineinschlagen und 4–5 Min. bei mittlerer Hitze braten, bis das Eiweiß fest ist, jetzt erst salzen und pfeffern / kann man als „**Strammen Max**" auf einer gebutterten Scheibe Bauernbrot mit Schinken und Gewürzgurke servieren / oder mit knusprig gebratenem Frühstücksspeck als „**Ham and Eggs**" / oder mit zerlaufenem Eigelb und von beiden Seiten gebraten – kalt oder warm – als **Sandwich-Einlage**.

ZUCCHINI-OMELETT

Mit Ruckzuck-Raspel-Gemüse

1 Den Zucchino waschen, putzen und auf der Gemüsereibe grob raspeln.

2 Frühlingszwiebel waschen, putzen und quer in feine Ringe schneiden. Knoblauchzehe schälen und durch die Presse drücken oder fein hacken.

3 In einer kleinen, beschichteten Pfanne (ca. 20 cm Ø) 1 EL Olivenöl erhitzen. Zucchinoraspel mit Frühlingszwiebel und Knoblauch darin unter Rühren bei mittlerer Hitze 5–6 Min. braten.

4 Die Eier in einer Schüssel glatt verrühren und mit Harissa, Kreuzkümmel, Cayennepfeffer und Salz würzen.

5 Gebratenen Zucchini-Mix zu den Eiern geben. Pfanne mit Küchenpapier ausreiben, restliches Olivenöl darin erhitzen.

6 Die Eier-Gemüse-Mischung in die Pfanne geben und alles zugedeckt bei geringer Hitze 5–6 Min. braten.

7 Omelett auf einen Teller oder ein Holzbrett gleiten lassen und wie eine Pizza in „Tortenstücke" schneiden. Warm oder abgekühlt essen.

TIPP: Ist das Omelett auf der Oberseite noch etwas zu weich? Dann einfach schwungvoll die Pfanne samt dem Deckel (beides sehr gut festhalten und aufeinanderdrücken!) umdrehen. Das Omelett vom Deckel wieder vorsichtig in die Pfanne gleiten lassen und auf der zweiten Seite noch 2–3 Min. braten!

PASST GUT DAZU: Avocadosalat mit Mais (Seite 16) oder gemischter Salat mit Ingwer-Dressing (Seite 23).

FÜR 1 PERSON

- 1 kleiner Zucchino
- 1 Frühlingszwiebel
- 1 Knoblauchzehe
- 2 EL Olivenöl
- 2 Eier (Größe M)
- ½ TL Harissa
- 2–3 Prisen gemahlener Kreuzkümmel
- Cayennepfeffer
- Salz

PRO PERSON: 365 KAL.
ZUBEREITUNGSZEIT: 15 MIN.

4 x SCHNELLES EIER-SANDWICH

MIT SARDELLEN

Für 1 Person

2 **Sardellenfilets** (in Öl, aus dem Glas) und
100 g geröstete, gehäutete **Paprikaschoten**
(aus dem Glas) abtropfen lassen, die Paprika
längs halbieren. 1 hart gekochtes **Ei** (Größe M,
Seite 68) schälen und in Scheiben schneiden.
2 **Mini-Romanasalatblätter** waschen und gut
trockentupfen. ½ **Baguette** (ca. 120 g) längs
ein-, aber nicht durchschneiden, sodass es
an einer Seite noch zusammenhält. Weiches
Brotinnere mit der Hand herauslösen (z.B. für
Semmelbrösel verwenden), dann jede Baguette-
Hälfte mit 1 EL **Chili-Aioli** (Seite 90) bestreichen.
Untere Brothälfte mit Salat, Paprika, Sardellen,
Ei und 4 **Basilikumblättchen** belegen. Noch
1 EL Chili-Aioli darauf verteilen. Baguette-Hälften
zusammenklappen, leicht andrücken, mit einem
scharfen Messer schräg halbieren.

MIT FETA-KÄSE

Für 1 Person

50 g **Feta-Käse** in dünne Scheiben schneiden.
2 **Frühlingszwiebeln** waschen, putzen und
quer in feine Ringe schneiden. 1 hart gekochtes
Ei (Größe M, Seite 68) schälen und in Scheiben
schneiden. 2 **Mini-Romanasalatblätter** waschen und gut trockentupfen. ½ **Baguette** (ca.
120 g) längs ein-, aber nicht durchschneiden,
sodass es an einer Seite noch zusammenhält.
Weiches Brotinnere mit der Hand herauslösen
(z.B. für Semmelbrösel verwenden), dann jede
Baguette-Hälfte mit 1 EL **Gurken-Joghurt-Dip**
(Seite 108) bestreichen. Untere Brothälfte mit
Salat, Käse, Frühlingszwiebeln und Ei belegen.
Noch 1 EL Gurken-Joghurt-Dip darauf verteilen.
Baguette-Hälften zusammenklappen, leicht
andrücken, mit einem scharfen Messer schräg
halbieren.

Die Lösung bei Null-Lust-auf-Kochen: So ein lecker belegtes Eier-Brötchen ist nämlich eine richtig gute Mahlzeit!

MIT PUTENSCHINKEN

Für 1 Person

1 **Tomate** waschen und in dünne Scheiben schneiden, dabei den Stielansatz entfernen. 1 hart gekochtes **Ei** (Größe M, Seite 68) schälen und in Scheiben schneiden. 2 **Mini-Romanasalatblätter** waschen und gut trockentupfen. ½ **Baguette** (ca. 120 g) längs ein-, aber nicht durchschneiden, sodass es an einer Seite noch zusammenhält. Weiches Brotinnere mit der Hand herauslösen (z.B. für Semmelbrösel verwenden), dann jede Baguette-Hälfte mit 1 EL **BBQ-Sauce** (Seite 91) bestreichen. Untere Brothälfte mit Salat, 40 g **Putenschinken** (in feinen Scheiben), Tomate und Ei belegen. Noch 1 EL BBQ-Sauce darauf verteilen. Baguette-Hälften zusammenklappen, leicht andrücken, mit einem scharfen Messer schräg halbieren.

MIT THUNFISCH

Für 1 Person

1 Dose **Thunfisch** (naturell, Abtropfgewicht 65 g) abtropfen lassen und grob zerzupfen. ½ **Avocado** schälen und quer in Scheiben schneiden. 1 hart gekochtes **Ei** (Größe M, Seite 68) schälen und in Scheiben schneiden. 2 **Mini-Romanasalatblätter** waschen und gut trockentupfen. ½ **Baguette** (ca. 120 g) längs ein-, aber nicht durchschneiden, sodass es an einer Seite noch zusammenhält. Weiches Brotinnere mit der Hand herauslösen (z.B. für Semmelbrösel verwenden), dann jede Baguette-Hälfte mit 1 EL **Cocktail-Sauce** (Seite 91) bestreichen. Untere Brothälfte mit Salat, Thunfisch, Avocado und Ei belegen. Noch 1 EL Cocktail-Sauce darauf verteilen. Baguette-Hälften zusammenklappen, leicht andrücken, mit einem scharfen Messer schräg halbieren.

PAPRIKA–TORTILLA

Die blitzschnelle Pfannen-Pizza

1 Die gerösteten Paprikaschoten auf Küchenpapier abtropfen lassen, dann in nicht zu dünne Streifen schneiden.

2 Frühlingszwiebeln waschen, putzen und quer in feine Ringe schneiden. Salamischeiben übereinanderlegen und in feine Streifen schneiden.

3 In einer kleinen, beschichteten Pfanne (ca. 20 cm Ø) 1 EL Olivenöl erhitzen. Paprika, Frühlingszwiebeln und Salami dazugeben und unter Rühren bei mittlerer Hitze 3–4 Min. braten.

4 Die Eier in einer Schüssel verrühren und mit Salz und Cayennepfeffer würzen.

5 Paprika-Salami-Mix und den Mozzarella zu den Eiern geben, alles gut vermischen. Pfanne mit Küchenpapier ausreiben, restliches Olivenöl darin erhitzen.

6 Die Eier-Salami-Käse-Mischung in die Pfanne geben und alles zugedeckt bei geringer Hitze 5–6 Min. braten.

7 Tortilla auf einen Teller gleiten lassen und wie eine Pizza in „Tortenstücke" schneiden. Warm oder abgekühlt essen.

PASST GUT DAZU: Eisbergsalat mit Zitrus-Vinaigrette (Seite 20) oder Gurkensalat mit Senf-Dressing (Seite 23).

FÜR 1 PERSON

- **100 g geröstete, gehäutete Paprikaschoten** (aus dem Glas)
- **2 Frühlingszwiebeln**
- **40 g Salami** (in dünnen Scheiben)
- **2 EL Olivenöl**
- **2 Eier** (Größe M)
- **Salz**
- **2–3 Prisen Cayennepfeffer**
- **2 EL geriebener Mozzarella** (aus der Tüte)

PRO PERSON: 590 KAL.
ZUBEREITUNGSZEIT: 15 MIN.

ZIEGENKÄSE-OMELETT

Mit frischem Rucola-Tomaten-Topping

FÜR 1 PERSON

----

1 Knoblauchzehe
50 g Ziegenfrischkäse (von der Rolle)
1 EL Olivenöl
2 Eier (Größe M)
Salz
1–2 Prisen Cayennepfeffer
1 Handvoll Rucola
4 Kirschtomaten

PRO PERSON: 400 KAL.
ZUBEREITUNGSZEIT: 10 MIN.

1 Die Knoblauchzehe schälen und durch die Presse drücken oder fein hacken. Den Ziegenfrischkäse grob zerkleinern

2 In einer kleinen, beschichteten Pfanne (ca. 20 cm Ø) das Olivenöl erhitzen. Knoblauch darin bei geringer Hitze 1–2 Min. andünsten.

3 Die Eier mit dem Ziegenkäse verrühren, mit Salz und Cayennepfeffer würzen. Alles zum Knoblauch in die Pfanne geben, gut vermischen.

4 Das Omelett zugedeckt bei geringer Hitze 4–5 Min braten. Inzwischen den Rucola putzen, waschen und trockenschleudern oder und mit Küchenpapier trockentupfen. Die Kirschtomaten waschen und halbieren.

5 Das Omelett auf einen Teller gleiten lassen, Rucolablättchen und Tomaten darauf anrichten.

PASST GUT DAZU: Tomaten-Kokos-Suppe (Seite 42) und Paprika-Chutney (Seite 90).

In der Kürze liegt die Würze

FLEISCH

DIE SCHNELLEN 4 AUS DER FLEISCHTHEKE

RINDERFILET

- →

**Das Feinste vom Rind / Hüftsteaks oder
Entrecôtes sind eine gute Alternative / am
besten frisch kaufen und portionsweise einfrieren / hält sich ganz frisch im Kühlschrank
aber auch 3–4 Tage** / Rinderfilet von 1a-Quali-
tät mit einem sehr scharfen Messer in möglichst
dünne Scheibchen schneiden und mit Olivenöl,
Basilikumblättchen und Parmesanspänen als
Carpaccio auf flachen Tellern anrichten / immer
gut: Filet kurz gebraten oder gegrillt mit **Dips**
(Seite 108–109) **Grillsaucen** (Seite 90–91)
oder **Würzbutter** (Seite 110) servieren.

GEFLÜGELBRUSTFILET

← -

**Egal, ob Hähnchen oder Pute – die zarten
Filets sind fett- und kalorienarm und fix gebraten / am besten frisch kaufen und por-
tionsweise einfrieren (beim Auftauen aus
der Verpackung nehmen!) / Fleisch vor dem
Kochen stets waschen und mit Küchenpapier
trockentupfen (Salmonellen!)** / Geflügelbrust-
filets gegrillt oder gebraten mit **Grillsaucen**
(Seite 90–91), **Dips** (Seite 108–109) oder
Würzbutter (Seite 110) servieren / Filets in feine
Streifen schneiden, mit Knoblauch, Olivenöl und
Oregano würzen und in der Pfanne als **„Gyros"**
knusprig braten / gebratene Hähnchen- oder
Putenbrust eignet sich – warm oder kalt – in
Scheibchen geschnitten auch prima als **Sand-
wich-Belag** oder als **Salat-Topping.**

SCHWEINEFILET

Im Handumdrehen gar, dazu mager und zart – also geradezu ideal für die bequeme, schnelle Küche / lässt sich einfach durch mageres Schnitzelfleisch oder Minuten-Steaks ersetzen / am besten frisch kaufen und portionsweise einfrieren / Schweinefilet in Scheiben kurz in der Pfanne braten und mit **Tomaten, Mozzarella** und **Basilikumblättchen** belegen / ebenfalls sehr lecker: das Filet kurz gebraten oder gegrillt mit **Dips** (Seite 108–109), **Grillsaucen** (Seite 90–91) oder **Würzbutter** (Seite 110) auf den Tisch bringen.

HACKFLEISCH

Ist in der Pfanne gebraten (Rühren!) ruck, zuck gar / am besten gemischtes Hackfleisch frisch kaufen / lässt sich auch portionsweise gut einfrieren / Hackfleisch mit Knoblauch, Salz und Cayennepfeffer pikant würzen, zu finger-dicken Röllchen formen, knusprig braten und als **Cevapcici** mit Ajvar und Frühlingszwiebelringen servieren / nur mit Salz und Pfeffer würzen, zu **Burgern** (Fleischküchlein) formen, braten oder grillen und mit **Dips** (Seite 108–109) oder **Grillsaucen** (Seite 90–91) servieren / mit frisch geriebenem Parmesan, Salz und Cayennepfeffer würzen, zu kirschgroßen Bällchen formen und in Suppen oder Saucen als **Einlage** mitgaren, z.B. in Brokkoli-Basilikum-Suppe (Seite 34) oder Tomatensaucen (Seite 56–57).

ZITRUSHÄHNCHEN AUS DEM WOK

„Rührbraten" heißt hier das Zauberwort

FÜR 2 PERSONEN

- 1 Stück frischer Ingwer (ca. 1 cm)
- 1 Knoblauchzehe
- 3 Frühlingszwiebeln
- 1 Bio-Orange
- 1 Bio-Zitrone
- 1 großes Hähnchenbrustfilet (ca. 250 g, ersatzweise ein anderes Kurzbrat-Fleisch)
- 2 EL Öl
- 100 ml Instant-Gemüsebrühe
- 2 EL Sojasauce
- Salz
- 1–2 Msp. Sambal Oelek
- 2–3 Prisen Zucker

PRO PERSON: 255 KAL.
ZUBEREITUNGSZEIT: 20 MIN.

1 Ingwer schälen und fein hacken. Knoblauchzehe schälen und durch die Presse drücken oder fein hacken. Frühlingszwiebeln waschen, putzen und quer in feine Ringe schneiden.

2 Orange und Zitrone heiß waschen und jeweils 1 TL Schale fein abreiben. Die Früchte halbieren und 4 EL Orangensaft und 2 EL Zitronensaft auspressen.

3 Das Hähnchenbrustfilet waschen und mit Küchenpapier trockentupfen, Haut und Sehnen entfernen. Das Fleisch in 1 ½ – 2 cm große Stücke schneiden.

4 Öl im Wok (eine große Pfanne geht auch) erhitzen. Hähnchenfiletstücke mit Ingwer, Knoblauch und Frühlingszwiebeln darin bei mittlerer Hitze unter Rühren 3–4 Min. braten.

5 Zitrusschalen und -säfte, Gemüsebrühe und Sojasauce zugeben, alles noch 4–5 Min. bei mittlerer Hitze köcheln lassen. Mit Salz, Sambal Oelek und Zucker abschmecken.

PASST GUT DAZU: Asia-Reis oder Kokos-Reis (Seite 106).

MITTELMEERRÖLLCHEN

Knusprige Ofenware mit richtig Aroma

FÜR 2 PERSONEN

250 g Schweinefilet (ersatzweise ein anderes Kurzbrat-Fleisch)
Salz
Cayennepfeffer
1 EL getrockneter Oregano
3 Scheiben Serrano-Schinken (ca. 100 g, ersatzweise ein anderer milder, roher Schinken oder Frühstücksspeck)
2 EL Olivenöl

PRO PERSON: 410 KAL.
ZUBEREITUNGSZEIT: 10 MIN.
+ 15 MIN. BRATEN

1 Den Backofen auf 200° (Umluft 180 °C) vorheizen. Das Schweinefilet in 6 gleich große Stücke schneiden und rundherum mit Salz, Cayennepfeffer und Oregano würzen.

2 Die Schinkenscheiben längs halbieren und jedes Schweinefiletstück mit 1 Schinkenstreifen umwickeln.

3 Eine kleine, ofenfeste Reine oder Pfanne mit 1 EL Olivenöl ausstreichen. Die umwickelten Fleischröllchen hineinsetzen, mit dem restlichen Olivenöl beträufeln.

4 Die Reine oder Pfanne in den Ofen (Mitte) schieben und die Röllchen ca. 15 Min. braten. Dann herausnehmen und gleich servieren.

TIPP: Wer möchte, verleiht den Mittelmeer-röllchen auch mal ein anderes mediterranes Aroma – einfach statt des Oreganos frische Rosmarinblättchen nehmen.

PASST GUT DAZU: Pasta mit Pesto rosso (Seite 59) oder Oregano-Kartoffeln (Seite 88).

4 x SCHNELLES GEMÜSE ...

GEBRATENER CHICORÉE

Für 2 Personen

2 **Chicorée** putzen, die Strünke abschneiden.
Die Chicoréeblätter ablösen, abbrausen und auf
Küchenpapier abtropfen lassen. 2 EL **Butter** und
1 ½ EL **Zucker** in einer Pfanne bei geringer Hitze
unter Rühren schmelzen lassen. Chicoréeblätter
hineingeben, in 5–6 Min. hellbraun braten. 3 EL
Balsamico bianco darüberträufeln, alles gut
vermischen und noch 1–2 Min. köcheln lassen.
Zum Schluss mit **Salz** abschmecken.

INDISCHE KOKOSERBSEN

Für 2 Personen

100 ml **Instant-Gemüsebrühe** in einem Topf
erhitzen. 200 g unaufgetaute **TK-Erbsen** dazugeben und bei geringer Hitze 5–6 Min. köcheln
lassen. 1 EL frisch gepressten **Zitronensaft,** 1 TL
Zucker, je 3–4 Prisen **Salz** und gemahlenen
Kreuzkümmel und 2 EL **Kokosraspel** gut untermischen, noch 1–2 Min. köcheln lassen.

..., das zu Fleisch schmeckt, aber genauso zu Fisch, Kartoffeln & Co. – oder einfach auch nur mal so.

TOSKANA–SPINAT

Für 2 Personen

1 **Knoblauchzehe** schälen, durch die Presse drücken oder fein hacken. 2 **Frühlingszwiebeln** waschen, putzen, quer in feine Ringe schneiden. Beides mit 1 EL Olivenöl in einen Topf geben und unter Rühren 2–3 Min. andünsten. 150 ml **Instant-Gemüsebrühe** und ½ Päckchen unaufgetauten **TK-Blattspinat** (225 g) unterrühren, zugedeckt bei geringer Hitze 6–8 Min. köcheln lassen. Dann 3 EL frisch geriebenen **Parmesan** und 1 EL frisch gepressten **Zitronensaft** zugeben, alles gut vermischen. Mit **Salz** und **Cayennepfeffer** abschmecken, in weiteren 3–4 Min. fertiggaren.

ZUCCHINISTREIFEN

Für 2 Personen

1 **Zucchino** waschen, putzen und längs in feine Scheiben schneiden. Zucchinischeiben nebeneinander auf einen großen Teller legen und mit wenig **Salz** bestreuen, 3–4 Min. Saft ziehen lassen. Die Zucchinistreifen mit Küchenpapier trockentupfen, dann auf beiden Seiten mit Salz und **Pfeffer** würzen. 3 EL **Mehl** auf einem flachen Teller verteilen, Zucchinistreifen darin wenden. 3 EL **Olivenöl** in einer beschichteten Pfanne erhitzen. Zucchinistreifen darin bei mittlerer Hitze auf beiden Seite in 2–3 Min. goldbraun braten.

TIPP: Besonders lecker schmeckt dazu ein Gurken-Joghurt-Dip (Seite 108).

4 x SCHNELLE KARTOFFELN ...

... für alle Erdäpfel-Liebhaber: Ab in den Ofen, Küchenuhr an – und wenn's klingelt, kann gegessen werden!

CHILI-KARTOFFELN

Für 2 Personen

Den Backofen auf 200° (Umluft 180°) vorheizen. 400 g vorwiegend festkochende **Kartoffeln** schälen, waschen und in ca. 1 cm große Würfel schneiden. Die Kartoffelwürfel in einer Schüssel mit 3 EL **Olivenöl,** 1 ½ TL **Sambal Oelek** und 3–4 Prisen **Salz** vermischen. Dann in einer ofenfesten Auflaufform (ca. 20 x 25 cm) verteilen und im Ofen (Mitte) in 20–25 Min. knusprig braten.

OREGANO-KARTOFFELN

Für 2 Personen

Den Backofen auf 200° (Umluft 180°) vorheizen. 400 g vorwiegend festkochende **Kartoffeln** schälen, waschen und längs in dünne Spalten schneiden. 2 **Knoblauchzehen** schälen und fein schneiden. Kartoffelspalten mit Knoblauch, 3 EL **Olivenöl** und je 3–4 Prisen getrocknetem **Oregano** und **Salz** vermischen und in eine ofenfeste Auflaufform (ca. 20 x 25 cm) geben. Im Ofen (Mitte) in 20–25 Min. knusprig braten.

TIPP: Neue Kartoffeln müssen nicht geschält werden – einfach gründlich waschen und mit der Schale braten.

KARTOFFELGRATIN

Für 2 Personen

Den Backofen auf 200° (Umluft 180°) vorheizen. 400 g vorwiegend festkochende **Kartoffeln** schälen, waschen und auf dem Gemüsehobel in feine Scheiben hobeln. Eine ofenfeste Auflaufform (ca. 20 x 25 cm) mit 1 EL **Butter** einfetten, Kartoffelscheiben fächerförmig einschichten. Mit je 3–4 Prisen **Salz, Pfeffer** und frisch geriebener **Muskatnuss** würzen. 100 g **Sahne** angießen, 1 EL Butter in Flöckchen darauf verteilen. Im Ofen (Mitte) in 20–25 Min. goldbraun backen.

SENF–KARTOFFELN

Für 2 Personen

Den Backofen auf 200° (Umluft 180°) vorheizen. ¼ l **Instant-Gemüsebrühe** erhitzen, mit 1 EL mittelscharfem **Senf** und 1 TL **Sambal Oelek** mit einem Schneebesen gut verrühren. 400 g vorwiegend festkochende **Kartoffeln** schälen, waschen und quer in feine Scheiben schneiden. Kartoffelscheiben, gewürzte Brühe, 50 g **Sahne** und 3–4 Prisen **Salz** in eine ofenfeste Auflaufform (ca. 20 x 25 cm) geben und gut vermischen. Im Ofen (Mitte) 20–25 Min. backen.

4 x SCHNELLE GRILLSAUCE ...

... als würziger Allrounder für jede Gelegenheit: von Fondue bis Barbecue, Sandwich bis Salat und Steak bis Fischfilet.

CHILI-AIOLI

Für 2 Personen

1 **Knoblauchzehe** schälen und durch die Presse drücken oder fein hacken. Mit 4 EL **Mayonnaise**, 1 TL **Harissa** und 1 EL frisch gepresstem **Zitronensaft** verrühren. Mit **Salz, Cayennepfeffer** und 2 Prisen **Zucker** abschmecken.

TIPP: Das Aioli hält sich im Kühlschrank gut verschlossen mindestens 2–3 Tage.

PAPRIKA-CHUTNEY

Für 2 Personen

1 **Knoblauchzehe** und 1 Stück frischen **Ingwer** (ca. 1 cm) schälen, fein hacken. 2 **Frühlingszwiebeln** waschen, putzen und quer in feine Ringe schneiden. 100 g **geröstete, gehäutete Paprikaschoten** (aus dem Glas) abtropfen lassen, dann fein würfeln. 1 EL Öl in einem Topf erhitzen, darin Knoblauch, Ingwer und Frühlingszwiebeln unter Rühren andünsten. Paprika, 50 g **Rosinen**, 3 EL **Aceto balsamico**, 2 EL **Zucker**, 100 ml **passierte Tomaten** (aus dem Tetrapack) und 50 ml **Instant-Gemüsebrühe** untermischen. Alles bei geringer Hitze 8–10 Min. köcheln lassen. Mit **Salz** und ½ TL **Sambal Oelek** abschmecken, abkühlen lassen.

TIPP: Das Chutney hält sich im Kühlschrank gut verschlossen mindestens 5–6 Tage.

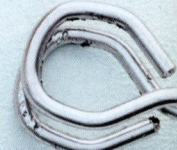

COCKTAIL–SAUCE

Für 2 Personen

3 EL **Ketchup** mit 3 EL **Mayonnaise** und 2 EL
frisch gepresstem **Zitronensaft** verrühren.
Mit 1–2 Prisen **Zucker**, 2 Spritzern **Worcestersauce, Salz** und einigen Spritzern **Tabasco**
abschmecken.

TIPP: Die Sauce hält sich im Kühlschrank
gut verschlossen mindestens 2–3 Tage.

BBQ–SAUCE

Für 2 Personen

1 **Knoblauchzehe** und 1 Stück frischen **Ingwer**
(ca. 1 cm) schälen und fein hacken. Beides mit
4 EL **Aprikosen-Fruchtaufstrich** (ersatzweise
auch eine andere Konfitüre), 2 EL **Ketchup**, 2 EL
heller **Sojasauce**, 2–3 Spritzern **Worcestersauce** und 1 EL frisch gepresstem **Limettensaft**
verrühren. Mit **Salz** und ½ TL **Sambal Oelek**
abschmecken.

TIPP: Die Sauce hält sich im Kühlschrank
gut verschlossen mindestens 6–8 Tage.

GORGONZOLA-HACKBRATEN

Macht so gut wie keine Arbeit

FÜR 2 PERSONEN

2 EL Olivenöl
2 Frühlingszwiebeln
1 Knoblauchzehe
60 g Gorgonzola
1 Handvoll Basilikumblättchen
250 g gemischtes Hackfleisch
1 Ei (Größe M)
Salz
Cayennepfeffer

PRO PERSON: 565 KAL.
ZUBEREITUNGSZEIT: 10 MIN.
+ 20 MIN. BRATEN

1 Backofen auf 200° (Umluft 180°) vorheizen. Eine ofenfeste Auflaufform, eine Reine oder eine kleine Kastenform mit 1 EL Olivenöl einstreichen.

2 Frühlingszwiebeln waschen, putzen und fein hacken. Knoblauchzehe schälen und durch die Presse drücken oder fein hacken. Gorgonzola grob würfeln und Basilikumblättchen in feine Streifen schneiden.

3 Die Käsewürfel und das Hackfleisch in einer Schüssel vermischen. Frühlingszwiebeln, Knoblauch, Basilikum und Ei zugeben, mit Salz und Cayennepfeffer würzen. Alles noch einmal gut durchmengen.

4 Den Fleischteig entweder in die Form oder Reine geben und mit angefeuchteten Händen zu einem Laib formen oder in die Kastenform drücken. Mit übrigem Öl beträufeln. Im Ofen (Mitte) 20 Min. braten.

5 Dann den Hackbraten aus dem Ofen nehmen, 2–3 Min. ruhen lassen, quer in nicht zu dünne Scheiben schneiden und servieren.

PASST GUT DAZU: Kurze Nudeln mit roher Tomatensaue (Seite 56) oder Toskana-Spinat (Seite 87).

RINDERFILET MIT ROTWEINSAUCE

Mit einem echt feinen Sößchen – auch ohne lange Kocherei

FÜR 2 PERSONEN

- -

200 g Rinderfilet

Salz

Cayennepfeffer

2 EL Olivenöl

120 ml trockener Rotwein

1 EL Aceto balsamico

60 ml Instant-Gemüsebrühe

1 TL Tomatenmark

1 TL Fenchelsamen (nach Belieben)

1 Msp. Sambal Oelek

1–2 Prisen Zucker

- -

PRO PERSON: 260 KAL.
ZUBEREITUNGSZEIT: 15 MIN.

1 Das Rinderfilet quer zur Faser in 4 gleich dicke Scheiben schneiden und mit Salz und Cayennepfeffer würzen.

2 Olivenöl in einer Pfanne erhitzen. Die Filetscheiben darin bei starker Hitze auf jeder Seite 1–2 Min. anbraten. Das Fleisch aus der Pfanne nehmen und in Alufolie gewickelt beiseitelegen.

3 Rotwein, Aceto balsamico und die Gemüsebrühe in die Pfanne gießen. Das Tomatenmark und die Fenchelsamen (nach Belieben) dazugeben, alles gut vermischen. Mit Salz, Sambal Oelek und Zucker würzen. Die Sauce 1–2 Min. bei starker Hitze einkochen lassen.

4 Fleisch samt angesammeltem Bratensaft zur Sauce geben. Alles 4–5 Min. bei geringer Hitze köcheln lassen, Filets dabei einmal wenden.

PASST GUT DAZU: gebratener Chicorée (Seite 86) oder Kartoffelgratin (Seite 89).

GRIECHISCHE PUTENSPIESSCHEN

Fast wie Gyros, nur zum Runterknabbern

FÜR 2 PERSONEN

- -

300 g Putenbrustfilet (ersatzweise auch ein anderes Kurzbrat-Fleisch)
2 Knoblauchzehen
2 EL frisch gepresster Zitronensaft
4 EL Olivenöl
4–5 Prisen getrockneter Oregano
Salz
Cayennepfeffer
Außerdem:
10 Schaschlikspieße aus Holz

- -

PRO PERSON: 345 KAL.
ZUBEREITUNGSZEIT: 10 MIN.
+ 15–20 MIN. BRATEN

1 Backofen auf 200° (Umluft 180°) vorheizen. Putenbrustfilet waschen und mit Küchenpapier trockentupfen, Fett und Sehnen entfernen. Das Fleisch der Länge nach in 10 Streifen (ca. 2 cm breit) schneiden.

2 Die Fleischstreifen wellenförmig auf die Spieße „auffädeln", die Spießchen in eine ofenfeste Auflaufform legen.

3 Die Knoblauchzehen schälen und durch die Presse drücken oder fein hacken. Mit Zitronensaft, Olivenöl und Oregano verrühren, mit Salz und Cayennepfeffer würzen.

4 Putenspießchen mit dem Würzöl beträufeln. Die Form in den Ofen (Mitte) schieben und die Spießchen in 15–20 Min. hellbraun braten.

TIPP: Für alle, die das Fast-Gyros mit noch mehr Aroma genießen wollen – Spießchen vorbereiten, mit dem Würzöl beträufeln und abgedeckt im Kühlschrank ein paar Stunden durchziehen lassen.

PASST GUT DAZU: Gurken-Joghurt-Dip (Seite 108) und Mandelreis (Seite 107).

Küchen-Angeln leicht gemacht

FISCH

DIE SCHNELLEN 4 AUS DER FISCHABTEILUNG

DOSEN-THUNFISCH

Als Dauerkonserve besonders lange haltbar / ideal für den Vorratsschrank / schon vorgegart, ohne Haut und Gräten / Lieferant für Omega-3-Fettsäuren und Vitamin D / wird mit Tomatensauce (Seite 56–57) zum pikanten **Sugo** / mit Vinaigrette (Seite 20–21) entsteht ein **Super-Salat-Topping** / mit Cocktail-Sauce oder Chili-Aioli (Seite 90–91) vermischt wird es ein raffinierter **Snack** zu Baguette / mit hart gekochtem Ei (Seite 68) und Dips (Seite 108–109) eine leckere **Sandwich-Füllung** (Seite 73).

TK-SHRIMPS

Heißen manchmal auch Garnelen / im Tiefkühler immer „frisch" und griffbereit / kann man aufgetaut oder noch tiefgefroren verwenden / lassen sich gut portionieren / wenn möglich Bio-Ware kaufen / aufgetaute Shrimps mit Cocktail-Sauce (Seite 91) mischen, auf feinen Chicoréestreifen anrichten und als **Shrimps-Cocktail** servieren / eignen sich prima als **Suppen-Einlage** und gebraten als **Salat-Topping** / mit Rührei (Seite 68) zubereiten, auf Baguette-Scheiben mit Salatblättern verteilen und als **Krabben-Brötchen** auf den Tisch stellen.

SARDELLEN IM GLAS

Als Dauerkonserve besonders lange haltbar / ideal für den Vorratsschrank / halten
in Öl eingelegt auch angebrochen mehrere
Wochen im Kühlschrank / gut portionier-
bar / schon 2 Filets liefern echten „Fischge-
schmack" / bestens geeignet zum Mitbraten bei
Suppen und **Saucen** (z.B. Tomatensauce mit
Sardellen, Seite 57) / sehr fein als **Sandwich-
Belag** (Seite 72) / gibt Butter besondere **Würze**
(Seite 110) / verleiht als zusätzliches **Topping**
einem Salat das gewisse Etwas.

TK-FISCHFILET

Im Tiefkühler immer „frisch" und griffbereit /
braucht man nicht zu häuten, auszunehmen
oder zu schuppen / haben (so gut wie) keine
Gräten! / sind in maximal 30 Min. aufgetaut / Fischfilet gegrillt oder gebraten schnell
mit **Würzbutter** (Seite 110) servieren / gegrillt
oder gebraten mit **Grillsaucen** (Seite 90–91)
oder **Dips** (108–109) anrichten / Filet in feine
Streifen schneiden und mit Knoblauch, Olivenöl
und Oregano als „Fisch-Gyros" in der Pfanne
braten / in **Alufolien-Päckchen** auf geraspeltem
Gemüse mit Vinaigrette (Seite 20–21) beträufelt
im Ofen garen.

KARIBISCHER SHRIMPSTOPF

Mit blitzschnellem, frischem Tomatenpüree

1 Tiefgekühlte Shrimps in ein Sieb geben, kalt abbrausen und abtropfen lassen.

FÜR 2 PERSONEN

- -

1 Päckchen TK-Bio-Shrimps (200 g)

100 g geröstete, gehäutete Paprika-schoten (aus dem Glas)

2 Frühlingszwiebeln

1 Knoblauchzehe

2 EL Olivenöl

150 g passierte Tomaten

(aus dem Tetrapack)

100 ml Instant-Gemüsebrühe

2 EL frisch gepresster Limettensaft

Salz

2–3 Msp. Sambal Oelek

1–2 Prisen Zucker

- -

PRO PERSON: 230 KAL.

ZUBEREITUNGSZEIT: 20 MIN.

2 Geröstete Paprikaschoten auf Küchenpapier abtropfen lassen, dann quer in feine Streifen schneiden.

3 Die Frühlingszwiebeln waschen, putzen und quer in feine Ringe schneiden. Die Knoblauch-zehe schälen und durch die Presse drücken oder fein hacken.

4 Olivenöl in einer beschichteten Pfanne oder im Wok erhitzen. Knoblauch, Frühlingszwiebeln und Shrimps darin unter Rühren 3–5 Min. bei mittlerer Hitze braten, bis die Flüssigkeit ver-dampft ist.

5 Die Paprikastreifen zu den Shrimps geben, 2–3 Min. mitbraten.

6 Die passierten Tomaten, Gemüsebrühe und Limettensaft zugeben, kurz aufkochen lassen. Mit Salz, Sambal Oelek und Zucker abschmecken.

PASST GUT DAZU: Chili-Kartoffeln (Seite 88) oder Mandelreis (Seite 107).

THUNFISCH—GEMÜSE—TOPF

Beste Dosen-Küche für Gourmets

1 Frühlingszwiebeln waschen, putzen, quer in feine Ringe schneiden. Knoblauchzehe schälen, durch die Presse drücken oder fein hacken.

2 Fenchel waschen, putzen und quer in feine Streifen schneiden. Geröstete Paprikaschoten auf Küchenpapier kurz abtropfen lassen, dann grob hacken. Thunfisch in ein Sieb geben und ebenfalls abtropfen lassen.

3 In einem Topf das Olivenöl erhitzen. Frühlingszwiebeln, Knoblauch, Fenchel und Paprika dazugeben und unter Rühren bei mittlerer Hitze 3–4 Min. braten.

4 Den Thunfisch, die Tomaten samt Saft und die Gemüsebrühe untermischen, die Tomaten mit einer Gabel leicht zerdrücken. Alles 6–8 Min. köcheln lassen.

5 Die Suppe mit dem Pürierstab fein pürieren. Mit Balsamico bianco, Salz, Cayennepfeffer und Zucker abschmecken.

TIPP: Extra-Kick für die Suppe – mit 2 EL Pastis (französischer Anisschnaps) verfeinern. Mit Nizza-Crostini (Seite 40) servieren.

FÜR 2 PERSONEN

- 2 Frühlingszwiebeln
- 1 Knoblauchzehe
- 1 kleiner Fenchel
- 100 g geröstete, gehäutete Paprikaschoten (aus dem Glas)
- 1 Dose Thunfisch (in Olivenöl, Abtropfgewicht 130 g)
- 1 EL Olivenöl
- 1 Dose geschälte Tomaten (Inhalt 400 g)
- 600 ml Instant-Gemüsebrühe
- 2 EL Balsamico bianco
- Salz
- Cayennepfeffer
- 1–2 Prisen Zucker

PRO PERSON: 310 KAL.
ZUBEREITUNGSZEIT: 20 MIN.

4 x SCHNELLER REIS ...

ASIA-REIS

Für 2 Personen

40 g **Frühstücksspeck** (Bacon, in Scheiben) in feine Streifen schneiden. 2 **Frühlingszwiebeln** waschen, putzen, quer in feine Ringe schneiden. Beides mit 1 EL **Öl** in einer kleinen Pfanne unter Rühren in 4–5 Min. bei mittlerer Hitze knusprig braten. 1 Tüte vorgegarten **Basmati-Reis** (250 g) und 50 ml **Instant-Gemüsebrühe** gründlich unterrühren. Alles 3–4 Min. bei geringer Hitze köcheln lassen. Mit 2 EL **Sojasauce, Salz** und **Cayennepfeffer** abschmecken.

KOKOSREIS

Für 2 Personen

1 **Bio-Limette** heiß waschen, 1 TL Schale fein abreiben, 2 EL Saft auspressen. Schale und Saft mit 200 ml cremiger **Kokosmilch,** 3–4 Prisen **Salz** und 1 TL **Sambal Oelek** in einem Topf aufkochen lassen. 1 Tüte vorgegarten **Basmati-Reis** (250 g) gründlich untermischen und bei geringer Hitze 4–5 Min. garen.

... als Spezial-Risotto im Turbo-Tempo. Schmeckt bestens zu Fisch aller Art – aber nicht nur!

KARIBIK–REIS

Für 2 Personen

1 **Knoblauchzehe** schälen, durch die Presse drücken oder fein hacken. 2 **Frühlingszwiebeln** waschen, putzen, quer in feine Ringe schneiden. 100 g geröstete, gehäutete **Paprikaschoten** (aus dem Glas) auf Küchenpapier abtropfen lassen, fein würfeln. Alles mit 1 EL **Olivenöl** in einem Topf unter Rühren 3–4 Min. bei mittlerer Hitze andünsten. 1 Tüte vorgegarten **Langkornreis** (250 g) und 50 ml **Instant-Gemüsebrühe** gründlich untermischen. Mit je 3–4 Prisen **Currypulver** und gemahlener **Kurkuma, Salz, Cayennepfeffer** und 2 EL frisch gepresstem **Limettensaft** würzen, 4–5 Min. bei geringer Hitze köcheln lassen.

MANDELREIS

Für 2 Personen

2 EL **gehackte Mandeln** mit 1 EL **Olivenöl** in einer kleinen Pfanne in 3–4 Min. bei mittlerer Hitze unter Rühren hellbraun braten. 1 Tüte vorgegarten **Langkornreis** (250 g), 50 ml **Instant-Gemüsebrühe,** 2 EL **Kapern** und 1 TL fein abgeriebene **Bio-Limettenschale** gründlich unterrühren. Alles 3–4 Min. bei geringer Hitze köcheln lassen. Mit **Salz** und ein paar Spritzern **Tabasco** abschmecken.

4 × SCHNELLER DIP ...

... als köstlicher Begleiter von Fisch, aber auch Fleisch und Gemüse – oder als Vorspeise etwa mit Rohkost zum Dippen.

AJVAR–DIP

Für 2 Personen

3 EL **Schmant,** cremige **saure Sahne** oder **Frischkäse** mit 2 EL **Ajvar** und 2 EL frisch gepresstem **Orangensaft** verrühren. Mit 1–2 Msp. **Sambal Oelek, Salz** und 1–2 Prisen **Zucker** abschmecken.

GURKEN–JOGHURT–DIP

Für 2 Personen

1 **Knoblauchzehe** schälen und durch die Presse drücken oder fein hacken. 1 **Bio-Mini-Salatgurke** waschen und samt Schale auf der Gemüsereibe grob raspeln. Beides mit 1 EL frisch gepresstem **Zitronensaft** und 4 EL **Joghurt** verrühren. Mit **Salz** und 1–2 Prisen **Zucker** abschmecken.

GORGONZOLA-DIP

Für 2 Personen

100 g **Sahne-Gorgonzola** mit 1 EL heißem **Wasser** cremig rühren. 2 **Frühlingszwiebeln** waschen, putzen, quer in feine Ringe schneiden und zum Käse geben, alles gut vermischen. 2 EL **Crème fraîche** und 1 EL **Balsamico bianco** unterrühren. Mit **Salz, Pfeffer** und 1–2 Prisen **Zucker** abschmecken.

CHILI-AVOCADO-DIP

Für 2 Personen

1 vollreife **Avocado** längs halbieren, entkernen und schälen, das Fruchtfleisch grob würfeln. 2 **Frühlingszwiebeln** waschen, putzen und grob hacken. 2 **Knoblauchzehen** schälen. Alles im elektrischen Zerhacker oder im Mixer mit 2 EL **Olivenöl** und 4 EL frisch gepresstem **Limetten-saft** fein pürieren. Mit **Salz** und ½ TL **Sambal Oelek** abschmecken.

OFENFISCH MIT BASILIKUMBUTTER

Schmort ganz von selbst

1 Fischfilets nach Packungsanweisung auftauen lassen. Die Butter aus dem Kühlschrank nehmen und weich werden lassen. Backofen auf 180° (Umluft 160°) vorheizen.

2 Für die Würzbutter Basilikumblättchen fein hacken. Knoblauchzehe schälen und durch die Presse drücken oder fein hacken.

FÜR 2 PERSONEN

- **2 TK-Fischfilets** (ca. 250 g, z.B. Lachs, Pangasius, Scholle, Kabeljau)
- **50 g Butter**
- **1 große Handvoll Basilikumblättchen**
- **1 Knoblauchzehe**
- **Salz**
- **Cayennepfeffer**
- **1 EL Kapern** (aus dem Glas)
- **80 g Oliven** (Sorte nach Belieben, aus dem Glas)
- **2 EL frisch gepresster Zitronensaft**

PRO PERSON: 350 KAL.
ZUBEREITUNGSZEIT: 10 MIN.
+ ZEIT ZUM AUFTAUEN
+ 8–10 MIN. SCHMOREN

3 Butter grob würfeln und mit dem Basilikum, dem Knoblauch und je 3–4 Prisen Salz und Cayennepfeffer mit einer Gabel gut vermischen.

4 Fischfilets kalt abbrausen, mit Küchenpapier trockentupfen, auf beiden Seiten mit Salz und Cayennepfeffer würzen. 1 EL Basilikumbutter in einer ofenfesten Pfanne verreiben, die Filets hineinlegen und die übrige Butter in Flöckchen darauf verteilen.

5 Kapern und Oliven abtropfen lassen und zum Fisch geben, alles mit Zitronensaft beträufeln. Im Ofen (Mitte) 8–10 Min. schmoren lassen.

WÜRZBUTTER-VARIANTEN:

Die Butter wie oben beschrieben verarbeiten – aber statt Basilikum nach Geschmack mal 2 TL fein abgeriebene Bio-Limettenschale oder 2 EL fein gehackte, geröstete Mandeln oder 2 mit der Gabel fein zermuste Sardellenfilets (in Öl, aus dem Glas) untermischen.

TIPPS:
Würzbutter kann man auch zu kleinen Rollen geformt in Alufolie im Kühlschrank aufbewahren – und so bei Bedarf Fisch und Fleisch aus der Pfanne schnell mal mit einem Stück davon aufpeppen. Oder gleich mehrere Buttermischungen anrühren und mit frischem Brot zum Aperitif servieren.

PASST GUT DAZU:
Mandelreis (Seite 107) oder Zucchinistreifen (Seite 87).

FISCH MIT KNOBLAUCH-NUSS-MIX

Mit raffinierter 3-Minuten-Knusper-Würze

FÜR 2 PERSONEN

- -

2 TK-Fischfilets (ca. 250 g, z.B. Lachs, Pangasius, Scholle, Kabeljau)
2 Frühlingszwiebeln
2 Knoblauchzehen
2 EL geröstete, gesalzene Cashew-nusskerne
2 EL Paniermehl (Semmelbrösel)
Salz
Cayennepfeffer
2 EL Olivenöl

- -

PRO PERSON: 290 KAL.
ZUBEREITUNGSZEIT: 20 MIN.
+ 30 MIN. AUFTAUEN

1 Die Fischfilets nach Packungsanweisung in ca. 30 Min. auftauen lassen.

2 Frühlingszwiebeln waschen, putzen und grob hacken, die Knoblauchzehen schälen. Beides mit den Cashewnusskernen, dem Paniermehl und je 3–4 Prisen Salz und Cayennepfeffer im elektrischen Zerhacker oder im Mixer fein zerkleinern.

3 In einer kleinen Pfanne 1 EL Olivenöl erhitzen. Den Knoblauch-Nuss-Mix darin unter Rühren bei geringer Hitze 3–4 Min. rösten.

4 Aufgetaute Fischfilets kalt abbrausen, mit Küchenpapier trockentupfen, auf beiden Seiten mit Salz und Cayennepfeffer würzen.

5 Restliches Olivenöl in einer zweiten Pfanne erhitzen. Die Fischfilets darin bei mittlerer Hitze auf jeder Seite 2–3 Min. braten. Filets mit dem Knoblauch-Nuss-Mix servieren.

PASST GUT DAZU: Chili-Avocado-Dip (Seite 109) oder Karibik-Reis (Seite 107).

CHILI–SHRIMPS

Die wahrscheinlich schnellste Meeresfrüchte-Pfanne der Welt

FÜR 2 PERSONEN

1 Päckchen TK-Bio-Shrimps (200 g)
2 Knoblauchzehen
3 EL Olivenöl
Salz
3–4 Prisen edelsüßes Paprikapulver
1–2 Msp. Sambal Oelek
2 EL frisch gepresster Zitronensaft

PRO PERSON: 245 KAL.
ZUBEREITUNGSZEIT: 15 MIN.

1 Die tiefgekühlten Shrimps waschen und mit Küchenpapier trockentupfen. Knoblauchzehen schälen und in feine Scheiben schneiden.

2 Olivenöl in einer Pfanne erhitzen. Knoblauchscheibchen und Shrimps dazugeben, alles bei mittlerer Hitze unter Rühren 3–4 Min. braten.

3 Shrimps mit Salz, Paprikapulver und Sambal Oelek würzen, Zitronensaft zugeben. Alles gut vermischen und noch 3–4 Min. köcheln lassen. Gleich servieren.

PASST GUT DAZU: Mandelreis (Seite 107) oder Avocadosalat mit Mais (Seite 16).

DESSERTS

Und jetzt noch was Süßes, oder?

DIE SCHNELLEN 4 FÜR SÜSSE SACHEN

BANANEN

Perfektes Bequem-Food, das sich in der „Naturverpackung" je nach Reifegrad leicht 1 Woche lagern lässt / macht alles ganz schnell auch ohne Zucker „natursüß" / schön cremig in **Drinks** (Seite 125) / gut kombinierbar im **Obstsalat** (Seite 120) / gibt Kraft im **Müsli** / der Länge nach halbiert und mit Vanilleeis und Schokosauce als **„Banana-Split"** / mit Butter und Honig als **gebratene Bananen** aus der Pfanne / in feinen Scheiben als **süße Füllung** für Pfannkuchen und Omeletts.

TK-BLÄTTERTEIG

Der 1a-Schnellback-Teig / hält im Tiefkühler mehrere Monate / ganz leicht zu portionieren / bestens geeignet für Süßes (aber auch für Salziges) / für **„Schweinsöhrchen"** angetaute Blätterteigplatten mit Eigelb bestreichen und mit Zucker bestreuen, beide Längsseiten zur Mitte hin aufrollen, quer in feine Scheiben schneiden und nach Packungsanweisung im Backofen knusprig backen / für **Grissini** angetaute Blätterteigplatten längs in ca. 2 cm breite Streifen schneiden, mit Eigelb bestreichen und mit geriebenem Parmesan, Sesam oder grobem Meersalz bestreuen, jeden Streifen leicht spiralförmig verdrehen und nach Packungsanweisung im Backofen knusprig backen.

MASCARPONE

- →

**Kann man für Süßes, aber auch Salziges
verwenden** – deshalb ideal für die bequeme
Küche / **hält sich im Kühlschrank bereits
angebrochen einige Tage** / **kann man prima
portionieren und esslöffelweise mit dazugeben** / bestens geeignet für schnelle **Desserts**
(z.B. Himbeer-Mascarpone-Trifle, Seite 130) / für
süße Brotaufstriche, etwa mit Ahornsirup oder
Honig / **salzige Brotaufstriche,** etwa mit Ajvar
oder fein gehacktem Basilikum / oder für feine
Pasta-Saucen (Seite 54–55).

TK-FRÜCHTE

←- -

Der ideale Obstvorrat für Faule / hält sich im
Tiefkühler monatelang „frisch" / **braucht man
nicht zu waschen und nicht zu putzen** / hat
aber – wie TK-Gemüse – viele Vitamine, weil
gleich erntefrisch schockgefrostet / schön in
Drinks (Seite 124–125) / aromastark im **Trifle**
(Seite 130) / erfrischend als **Eis** (Seite 128) / für
eine fixe **Fruchtsauce** aufgetautes Obst (z.B.
Erdbeeren) mit dem Pürierstab fein pürieren, mit
frisch gepresstem Orangensaft und Ahornsirup
abschmecken und nach Belieben zu Eis, Sahne-
creme, Joghurt oder Müsli servieren.

CHILI–OBSTSALAT

Frische Früchte mit raffiniertem Exotik-Kick

FÜR 2 PERSONEN
- -

¼ **Honigmelone** (ca. 200 g)
1 **kleine Mango**
1 **Granny-Smith-Apfel**
1 **Banane**
3 **EL frisch gepresster Limettensaft**
2 **EL frisch gepresster Orangensaft**
1–2 **EL Ahornsirup**
½–1 **TL Sambal Oelek**
3–4 **Prisen Salz**

- -

PRO PERSON: 220 KAL.
ZUBEREITUNGSZEIT: 10 MIN.
+ DURCHZIEHEN NACH BELIEBEN

1 Honigmelone schälen, Kerne entfernen und das Fruchtfleisch in ca. 1 ½ cm große Stücke schneiden. Die Mango schälen, das Fruchtfleisch vom Kern schneiden und in genauso große Stücke schneiden.

2 Apfel waschen, vierteln, Kerngehäuse und Stielansatz entfernen. Apfelviertel quer in feine Scheiben schneiden. Banane schälen, Fruchtfleisch quer in Scheiben schneiden.

3 Obst in einer Schüssel mit Limetten- und Orangensaft, Ahornsirup, Sambal Oelek (Menge je nach gewünschter Schärfe) und Salz vermischen.

4 Den Obstsalat gleich servieren oder nach Belieben vorher abgedeckt im Kühlschrank noch ein wenig durchziehen lassen.

TIPP: Statt der angegebenen Früchte kann man natürlich auch jedes andere Obst – ganz nach Lust und Laune – verwenden!

SCHOKOBECHER

Lässt sich prima vorbereiten

FÜR 2 PERSONEN

- -

80 g Zartbitterschokolade (60 % Kakao)
200 g Sahne
2 Päckchen Bourbon-Vanillezucker
3 EL Haselnuss-Krokant (aus der Tüte)

- -

PRO PERSON: 620 KAL.
ZUBEREITUNGSZEIT: 15 MIN.
+ MINDESTENS 1 STD. KÜHLEN

1 Einen kleinen Topf zweifingerbreit mit Wasser füllen und erhitzen. Eine kleine Schüssel (am besten aus Metall) in den Topf hängen.

2 Die Hälfte der Schokolade in grobe Stücke brechen, in die Schüssel geben und unter Rühren in dem heißen Wasserbad vorsichtig schmelzen lassen. Dann die Schüssel vom Topf nehmen.

3 Die übrige Schokolade auf der Gemüsereibe grob raspeln. Die Sahne mit dem Vanillezucker in einem hohen Rührbecher mit den Schneebesen des elektrischen Handrührgeräts steif schlagen.

4 Geschmolzene und geraspelte Schokolade und 2 EL Haselnuss-Krokant zur Sahne geben, alles gut vermischen.

5 Schokosahne in Dessertgläser füllen, mit Folie abdecken und mindestens 1 Std. im Kühlschrank kalt stellen. Dann die Schokobecher mit dem restlichen Haselnuss-Krokant bestreut servieren.

4 x SCHNELLE DRINKS ...

... fürs Power-Tanken zwischendurch.
Mix, mix – und ab ins Glas!

EISCREME-SODA

Für 1 Person

100 ml frisch gepressten **Orangensaft** durch ein
Sieb in ein Glas gießen. 1 große Kugel **Fruchteis**
(Sorte nach Belieben, z.B. Zitronensorbet) dazu-
geben und mit 100 ml eiskaltem **Mineralwasser**
mit Kohlensäure aufgießen – durchs sprudelige
Wasser gibt's richtig schönen Schaum! Gleich mit
Strohhalm und langem Löffel servieren.

MELONEN-SHAKE

Für 1 Person

1 Stück **Wassermelone** (ca. 200 g, alternativ
Mango, Honigmelone, Papaya oder auch TK-
Erdbeeren oder TK-Himbeeren nehmen) schälen
und entkernen, Fruchtfleisch grob würfeln und
in einem hohen Rührbecher mit dem Pürierstab
fein pürieren (ergibt ca. 120 ml Fruchtpüree).
2 EL frisch gepressten **Limettensaft** und 1–2 EL
Ahornsirup (je nach Süße der Frucht) zugeben,
80 ml stilles **Mineralwasser** angießen. Alles
noch einmal aufmixen und auf 3–4 **Eiswürfeln**
im Glas mit Strohhalm servieren.

EISCREME-LASSI

Für 1 Person

4 EL **Joghurt** mit 50 ml kalter **Milch**, 2 EL frisch gepresstem **Limettensaft,** 1 EL **Ahornsirup** und 2 Kugeln **Fruchteis** (Sorte nach Belieben, z.B. Zitronensorbet) in einem hohen Rührbecher mit dem Pürierstab aufschlagen. Nach Belieben mit je 1 Prise **Salz** und gemahlenem **Kreuzkümmel** würzen. Auf 3–4 **Eiswürfeln** im Glas servieren.

BEEREN-SMOOTHIE

Für 1 Person

50 g **TK-Beeren-Mix** auftauen lassen. Dann ½ **Banane** schälen und quer in feine Scheiben schneiden. Beides mit 1 EL **Ahornsirup** und 150 ml kalter **Milch** in einem hohen Rührbecher mit dem Pürierstab fein pürieren. In ein Glas umfüllen, mit einem langen Löffel servieren.

MARMELADENTÖRTCHEN

Mit Blitzteig aus der Tiefkühltruhe

FÜR 2 PERSONEN

- -

4 Platten TK-Blätterteig (ca. 300 g)
4 TL Aprikosen-Fruchtaufstrich (ersatzweise auch eine andere Konfitüre)
1 Eigelb (Größe M)
2 EL Puderzucker

- -

PRO PERSON: 730 KAL.
ZUBEREITUNGSZEIT: 15 MIN.
+ 10 MIN. ANTAUEN
+ 10-12 MIN. BACKEN

1 Die Blätterteigplatten nebeneinander auf die Arbeitsfläche legen und 10 Min. antauen lassen. Den Backofen auf 200° (Umluft 180°) vorheizen.

2 Die Blätterteigplatten so halbieren, dass 8 Quadrate entstehen. Aus jedem Teigquadrat mit einem runden Plätzchenausstecher oder auch einem größeren Glas mit scharfem Rand (ca. 8–9 cm Ø) einen Kreis ausstechen.

3 Die Hälfte der Blätterteigkreise auf ein mit Backpapier ausgelegtes Blech legen und je 1 TL Fruchtaufstrich in die Mitte der Teigkreise geben. Übrige Teigkreise auflegen, Teigränder mit einer Gabel gut andrücken.

4 Eigelb in einer kleinen Schüssel verrühren. Die Törtchen mit dem Eigelb bestreichen.

5 Blech in den Ofen (Mitte) schieben und die Törtchen in ca. 10–12 Min. goldbraun backen. Herausnehmen und abkühlen lassen. Mit Puderzucker bestäubt servieren.

ERDBEEREIS

Echt „home made" – und das in 10 Minuten!

FÜR 2 PERSONEN

- -

200 g TK-Erdbeeren (ersatzweise auch andere TK-Früchte)
3 EL Mascarpone
1 Päckchen Bourbon-Vanillezucker
1 EL Puderzucker
2 EL frisch gepresster Orangensaft

- -

PRO PERSON: 180 KAL.
ZUBEREITUNGSZEIT: 5 MIN.
+ 5 MIN. ANTAUEN

1 Die tiefgekühlten Erdbeeren etwa 5 Min. antauen lassen.

2 Die angetauten Erdbeeren mit Mascarpone, Vanillezucker, Puderzucker und Orangensaft in einen hohen Rührbecher geben. Mit dem Pürierstab fein pürieren.

3 Das Blitz-Eis sofort in hübsche Tassen, Gläser, Schälchen oder auch in Eiswaffel-Tütchen füllen und servieren.

HIMBEER – MASCARPONE – TRIFLE

Mit dem genialen Schüssel-Stapel-Trick

FÜR 2 PERSONEN

- **100 g Amarettini** (italienische Mandel-kekse, ersatzweise auch andere Kekse)
- **50 ml frisch gepresster Orangensaft**
- **150 g TK-Himbeeren**
- **250 g Mascarpone**
- **1 Päckchen Bourbon-Vanillezucker**
- **3 EL Eierlikör** (ersatzweise Orangensaft)
- **1 EL Ahornsirup**
- **2 EL grobe Schokoladenraspel** (aus der Tüte, 60 % Kakao)

PRO PERSON: 945 KAL.
ZUBEREITUNGSZEIT: 20 MIN.
+ MINDESTENS 1 STD. KÜHLEN

1 Amarettini in einen Gefrierbeutel füllen und mit dem Handballen grob zerkleinern. Die Brösel in zwei Dessertschälchen verteilen und mit dem Orangensaft beträufeln.

2 Die tiefgekühlten Himbeeren auf den getränkten Amarettini verteilen und ca. 10 Minuten antauen lassen.

3 Inzwischen Mascarpone in einer Schüssel mit Vanillezucker, Eierlikör und Ahornsirup gründlich verrühren. Creme auf den Himbeeren verteilen und mit den Schokoladenraspeln bestreuen.

4 Die Trifles abdecken und bis zum Servieren in den Kühlschrank stellen und durchziehen lassen (mindestens 1 Std.).

TIPP: Dieses Dessert kann man auch schon einige Stunden vor dem Servieren zubereiten – es schmeckt dann sogar noch besser!

FAULE MENÜS

DAS EXTRASCHNELLE BLITZ–MENÜ

Für 2 Personen / in nur 25 Min. gemacht

Das gibt es

› **Gurkensuppe**
Seite 39
› **Pasta mit Blitz-Bolognese**
Seite 62
› **Erdbeereis**
Seite 128

So gehen Sie vor

1 Bereits am Vortag ein paar Eiswürfel für die Gurkensuppe tiefkühlen. Am nächsten Tag die Suppe zubereiten, in den Kühlschrank stellen.

2 Für die Pasta die Blitz-Bolognese zubereiten, warm halten.

3 Das Nudelwasser aufsetzen und zum Kochen bringen, dann die Nudeln darin garen.

4 Inzwischen die Eiswürfel in Longdrink-Gläser füllen, mit der Gurkensuppe aufgießen und mit langen Stiellöffeln servieren.

5 Nudeln abgießen und mit der Bolognese in großen, tiefen Pasta-Tellern mit dem Parmesan anrichten. Servieren.

6 Für das Eis die Erdbeeren kurz antauen lassen, dann das Eis zubereiten, in Eiswaffel-Tüten füllen und servieren.

MIT AUF DEN TISCH KÖNNEN:
mehrere Schälchen mit eingelegten **Oliven**, **Artischockenherzen** oder **Peperoni** (aus dem Glas oder der Feinkosttheke) und **Brot**.

DEKO-TIPP: Bunte Papierservietten als
Platzdeckchen unter die Teller legen. Eine Schale mit Zitronen und Limetten als Farbtupfer in die Mitte des Tisches stellen.

DAS ALLES-AUS-DEM-VORRAT-MENÜ

Für 2 Personen / in 45 Min. auf dem Tisch

Das gibt es
› **Antipasti-Mix mit Thunfischsauce**
  Seite 18
› **Nudeln mit Pesto rosso**
  Seite 59
› **Marmeladentörtchen**
  Seite 126

So gehen Sie vor

1 Die Marmeladentörtchen backen und zum Auskühlen auf große, flache Teller setzen.

2 Während des Backens der Törtchen bereits das Pesto für die Nudeln und die Thunfischsauce für die Antipasti zubereiten. Die Sauce in zwei Schälchen füllen.

3 Den Antipasti-Mix auf Tellern anrichten und mit der Thunfischsauce servieren.

4 Das Nudelwasser aufsetzen und zum Kochen bringen, dann die Nudeln darin garen.

5 Nudeln abgießen, gleich mit dem Pesto rosso vermischen und in einer vorgewärmten Schüssel anrichten. Servieren.

6 Die Marmeladen-Törtchen mit Puderzucker bestäuben und servieren.

MIT AUF DEN TISCH KÖNNEN:
herrlich knusprige **Grissini** (italienische Gebäckstangen, aus dem Supermarkt oder selbst gemacht, Seite 118) mit **Würzbutter** (Seite 110) in kleinen Schälchen.

DEKO-TIPP: Kleine Rispen mit roten oder gelben Kirschtomaten, rosa Knoblauchknollen und getrocknete Kräuterzweige oder Töpfchen mit frischen Kräutern auf dem Tisch sorgen für ein mediterranes Feeling.

FAULE MENÜS

DAS BEQUEME GOURMET–MENÜ

Für 2 Personen / in 1 Std. garantiert fertig

Das gibt es

› **Rucolasalat mit Lachstatar**
   Seite 28
› **Rinderfilet mit Rotweinsauce
   und Kartoffelgratin**
   Seite 94 / 89
› **Himbeer-Mascarpone-Trifle**
   Seite 130

So gehen Sie vor

1 Rechtzeitig das Himbeer-Mascarpone-Trifle zubereiten und abgedeckt 1 Std. im Kühlschrank durchziehen lassen.

2 Das Kartoffel-Gratin in der Aufflaufform vorbereiten. Den Backofen vorheizen.

3 Lachstatar zubereiten, Balsamico-Vinaigrette anrühren. Rucola putzen und waschen.

4 Rucolasalat auf tiefen Pastatellern mit der Vinaigrette und dem Tatar anrichten und gleich servieren.

5 Zwischendurch das Gratin in den Backofen schieben und goldbraun backen.

6 Rinderfilet mit Rotweinsauce zubereiten. Mit dem Gratin servieren.

7 Die Trifle-Schälchen aus dem Kühlschrank nehmen und servieren.

MIT AUF DEN TISCH KÖNNEN:
ein frisch-aromatisches **Kräuter-Baguette** (Seite 40) und ein **Käseteller** mit süßscharfer **BBQ-Sauce** (Seite 91).

DEKO–TIPP: Teelichter auf Deko-Sand,
in bunten Gläsern oder auf großen Tellern und Schälchen zaubern eine romantische Stimmung. Dazu noch Rosenblätter auf den Tisch streuen oder ein Blütenmeer in einer Schüssel mit Wasser schwimmen lassen.

DAS UNKOMPLIZIERTE GÄSTE-MENÜ

Für 4 Personen / in 1 Std. servierbereit

Das gibt es

› **Brokkoli-Basilikum-Suppe**
  Seite 34
› **Karibischer Shrimpstopf
  mit Mandelreis**
  Seite 102 / 107
› **Chili-Obstsalat**
  Seite 120

So gehen Sie vor

1 Die Zutatenmengen einfach alle verdoppeln, Rezepte genauso kochen wie beschrieben.

2 Chili-Obstsalat zubereiten, abdecken, in den Kühlschrank stellen und durchziehen lassen.

3 Für den Shrimpstopf die Shrimps im Sieb abbrausen und abtropfen lassen. Tomatenpüree zubereiten. Knoblauch, Frühlingszwiebeln und Paprika zerkleinern.

4 Die Brokkoli-Basilikum-Suppe zubereiten und gleich servieren.

5 Obstsalat aus dem Kühlschrank nehmen.

6 Shrimpstopf und Mandel-Reis zubereiten und ebenfalls gleich servieren.

7 Chili-Obstsalat dekorativ auf großen, tiefen Tellern anrichten und servieren.

MIT AUF DEN TISCH KÖNNEN:
Tortilla-Chips mit einem oder mehreren **Dips** nach Wahl (Seite 108–109).

DEKO-TIPP: Die Gerichte in schlichtem
Asia-Geschirr auf den Tisch bringen, der mit Bambusmatten ausgelegt ist. Beschriftete Steine dienen als „Platzkarten", frische oder getrocknete Chilischoten – einzeln oder im Bund – und bunte Kunstblumen oder -gräser (einfach nehmen, was da ist) verleihen das gewisse Etwas.

HAT'S GESCHMECKT?

JA, SIEHT GANZ SO AUS!

REGISTER VON A-Z

IMPRESSUM

Die Autorin

Cornelia Trischberger ist freie Food-Journalistin und Autorin in München und hat bereits mehrere Titel bei GU veröffentlicht. Da sie die unkomplizierte Küche liebt und ihre Familie gerne mit neuen Kreationen überrascht – auch mal ganz spontan aus Vorräten zusammengestellt –, sprudelte sie nur so voller Ideen für unsere faulen, bequemen Rezepte.

Der Fotograf

Michael Wissing
Der Fotodesigner (BFF), Fotograf und Schriftsetzer arbeitet in seinem Studio im Schwarzwald für renommierte internationale Magazine, Agenturen, Firmen und Verlage und erhielt bereits mehrere internationale Preise und Auszeichnungen. In Szene gesetzt wurden die faulen Gerichte von Andreas Neubauer (Foodstylist).

Bildnachweis
Alle Fotos:
Michael Wissing
Programmleitung:
Doris Birk
Leitende Redakteurin:
Birgit Rademacker
Konzept, Redaktion:
Sigrid Burghard
Lektorat:
Redaktionsbüro Christina Kempe
Korrektorat:
Petra Bachmann
Innenlayout, Typographie und Umschlaggestaltung:
independent Medien-Design, München
Satz:
abavo GmbH, Buchloe
Herstellung:
Susanne Mühldorfer

Reproduktion:
Longo AG, Bozen
Druck:
Firmengruppe Appl, aprinta, Wemding
Bindung:
Firmengruppe Appl, Sellier, Freising

© 2009 GRÄFE UND UNZER VERLAG GmbH, München

ISBN 978-3-8338-1579-9

1. Auflage 2009

GRÄFE UND UNZER

Ein Unternehmen der
GANSKE VERLAGSGRUPPE

DAS ORIGINAL · MIT GARANTIE
GU

OBST- UND GEMÜSESTAND

_____ ÄPFEL (GRANNY SMITH)
_____ AVOCADOS
_____ BANANEN
_____ BASILIKUM (IM TOPF)
_____ CHICORÉE
_____ FENCHEL
_____ FRÜHLINGSZWIEBELN
_____ GARTENKRESSE
_____ INGWER
_____ KARTOFFELN (VORWIEGEND FESTKOCHEND)
_____ KIRSCHTOMATEN
_____ KNOBLAUCHZEHEN
_____ LIMETTEN (BIO)
_____ MANGOS
_____ MELONEN (HONIG/WASSER/ NETZ/KANTALUP)
_____ ORANGEN (BIO)
_____ ROMANASALAT (MINI)
_____ ROTE BETE (VORGEGART)
_____ RUCOLA
_____ SALATGURKE (BIO, MINI)
_____ SUPPENGRÜN
_____ TOMATEN
_____ ZITRONEN (BIO)
_____ ZUCCHINI

KÜHLTHEKE

_____ BUTTER
_____ CRÈME FRAÎCHE
_____ EMMENTALER (GERIEBEN)
_____ FETA-KÄSE
_____ FORELLENFILETS (GERÄUCHERT)
_____ FORELLENKAVIAR
_____ FRISCHKÄSE
_____ FRÜHSTÜCKSSPECK (IN SCHEIBEN)
_____ GORGONZOLA (MIT/OHNE SAHNE)
_____ JOGHURT
_____ MOZZARELLA (GERIEBEN)
_____ MOZZARELLA (MINI-BÄLLCHEN)
_____ MASCARPONE
_____ MILCH
_____ NUDELN (FRISCH)
_____ ORANGENSAFT (DIREKTSAFT)
_____ PARMESAN (AM STÜCK)
_____ PUTENSCHINKEN (IN SCHEIBEN)
_____ RÄUCHERLACHS (IN SCHEIBEN)
_____ SAHNE
_____ SALAMI (IN SCHEIBEN)
_____ SAURE SAHNE
_____ SARDELLENFILETS (IN ÖL)
_____ SCHMANT
_____ SERRANO-SCHINKEN (IN SCHEIBEN)
_____ ZIEGENFRISCHKÄSE (VON DER ROLLE)
_____ ZITRONENSAFT (DIREKTSAFT)

DOSEN- UND GLÄSERREGAL

_____ ARTISCHOCKENHERZEN (IN ÖL)
_____ ANANASSTÜCKE (NATURSÜSS)
_____ KAPERN
_____ KICHERERBSEN
_____ KOKOSMILCH
_____ MAIS (BIO)
_____ OLIVEN (GRÜN/SCHWARZ/ OHNE STEIN/GEFÜLLT)
_____ PAPRIKASCHOTEN (GERÖSTET, GEHÄUTET)
_____ THUNFISCH (IN ÖL/IN OLIVENÖL/ NATURELL)
_____ TOMATEN (GESCHÄLT)
_____ TOMATEN (GETROCKNET, IN ÖL)
_____ TOMATEN (PASSIERT)
_____ WEISSE BOHNEN

TIEFKÜHLTRUHE (TK)

_____ BLÄTTERTEIG
_____ BROKKOLI
_____ ERBSEN
_____ ERDBEEREN
_____ FISCHFILET
_____ FRUCHTEIS
_____ HIMBEEREN
_____ MÖHREN (IN SCHEIBEN)
_____ SHRIMPS (BIO)
_____ SPINAT (BLATT/GEHACKT)
_____ BEEREN-MIX

Auch zum Download auf
www.gu-online.de/kochenfuerfaule

FLEISCHTHEKE

- _____ BRATWÜRSTE (FRISCH, ROH)
- _____ HACKFLEISCH (GEMISCHT)
- _____ HÄHNCHENBRUSTFFILET
- _____ PUTENBRUSTFILET
- _____ RINDERFILET
- _____ SCHWEINEFILET

GEWÜRZSTÄNDER

- _____ CAYENNEPFEFFER
- _____ CURRYPULVER
- _____ FENCHELSAMEN
- _____ KREUZKÜMMEL (GEMAHLEN)
- _____ KURKUMA (GEMAHLEN)
- _____ MUSKATNUSS (GANZE NÜSSE)
- _____ OREGANO (GETROCKNET)
- _____ PAPRIKAPULVER (EDELSÜSS)
- _____ PFEFFER (GEMAHLEN)

GETRÄNKE & KNABBEREIEN

- _____ CASHEWNUSSKERNE (GERÖSTET, GESALZEN)
- _____ EIERLIKÖR
- _____ ERDNÜSSE (GERÖSTET, GESALZEN)
- _____ MINERALWASSER (STILL/ MIT KOHLENSÄURE)
- _____ ROTWEIN (TROCKEN)

AUS DEM BACKREGAL

- _____ BOURBON-VANILLEZUCKER
- _____ HASELNUSS-KROKANT
- _____ KOKOSRASPEL
- _____ MANDELN (GEHACKT)
- _____ MEHL
- _____ PINIENKERNE
- _____ PUDERZUCKER
- _____ ROSINEN
- _____ SCHOKOLADENRASPEL (GROB, 60% KAKAO)

SÜSSIGKEITEN & GEBÄCK

- _____ AMARETTINI
- _____ ZARTBITTERSCHOKOLADE (60% KAKAO)

NUDELN, REIS & CO.

- _____ BASMATI-REIS (VORGEGART)
- _____ COUSCOUS (VORGEGART)
- _____ LANGKORNREIS (VORGEGART)
- _____ LINSEN (ROT)
- _____ PENNE
- _____ SPAGHETTI
- _____ TAGLIATELLE

DIE BASICS

- _____ ACETO BALSAMICO
- _____ AHORNSIRUP
- _____ AJVAR
- _____ APRIKOSEN-FRUCHTAUFSTRICH
- _____ BAGUETTE / BROT
- _____ BALSAMICO BIANCO
- _____ EIER (BIO, GRÖSSE M)
- _____ GEMÜSEBRÜHE (INSTANT)
- _____ HARISSA
- _____ HONIG (FLÜSSIG)
- _____ KETCHUP
- _____ MAYONNAISE
- _____ MEERRETTICH (GERIEBEN, AUS DEM GLAS)
- _____ OLIVENÖL
- _____ PANIERMEHL (SEMMELBRÖSEL)
- _____ ÖL/OLIVENÖL
- _____ SAMBAL OELEK
- _____ SALZ
- _____ SENF (MITTELSCHARF)
- _____ SOJASAUCE (HELL)
- _____ TABASCO
- _____ TOMATENMARK
- _____ WORCESTERSAUCE
- _____ ZUCKER